SENDA DE VIDA PUBLISHERS, CO.

MANUAL para MAESTROS de Niños

Con instrucciones específicas para las edades:

Mensajeros/Preescolares 4-5 años
Vencedores/Principiantes 6-8 años
Conquistadores/Primarios 9-11 años

SERIE 81-82

Este manual viene acompañado con un *Libro de Figuras* que contiene escenas que ilustran las lecciones.

SENDA DE VIDA PUBLISHERS, CO.
Miami, Florida 33255
©2009 Todos los derechos reservados

MANUAL MAESTRO

Preescolares - Principiantes - Primarios
SERIE 81-82

Presidente
Marco T. Calderón

Escritoras de la serie infantil
Duanys López
Vilma Moncada

Escritores de la serie juvenil
J.D. Rivera Tormos
María Elena Mena

Escritores de la serie de adulto
Wilfredo Calderón, D. Min.
Hiram Almirudis, D. Min

Revisión y corrección
Aldo Gutierrez

Diagramación y diseño
Ana María Ulloa
Héctor Lozano
Marlen Montejo

Currículo
Ruby Calderón

Distribución y ventas
Víctor López
Niurka Ávalos
Fernando Rojas
Déborah Calderón

UNIDAD I: Personajes ejemplares de la Biblia

Estudio 1.	Abraham demuestra su obediencia a Dios	3
Estudio 2.	José el soñador	7
Estudio 3.	¿Dónde está José?	11
Estudio 4.	Egipto, el nuevo hogar de José	15
Estudio 5.	Premiado por su fidelidad	19
Estudio 6.	José se reúne con su familia	23
Estudio 7.	Dios le habla a Moisés	27
Estudio 8.	¡Esfuérzate y anímate!	31
Estudio 9.	Una amistad ejemplar	35
Estudio 10.	De regreso a casa	39
Estudio 11.	¡Perdónanos Señor!	43
Estudio 12.	Nehemías desea reconstruir la ciudad	47
Estudio 13.	Nehemías cumple el propósito de Dios	51

Unidad II: Dios nos cuida

Estudio 14.	Dios escucha el llanto de Ismael	55
Estudio 15.	¡Corre Lot, corre!	59
Estudio 16.	¡Golpea la roca!	63
Estudio 17.	Unos cuervos alimentan a Elías	67
Estudio 18.	Dios consuela a Elías	71
Estudio 19.	Agua para un gran ejército	75
Estudio 20.	¡Llena las vasijas!	79
Estudio 21.	Dios protege lo que es tuyo	83
Estudio 22.	Él es mi Pastor	87
Estudio 23.	No temas: el Señor está contigo	91
Estudio 24.	Él es mi castillo	95
Estudio 25.	No te preocupes, Dios cuida de ti	99
Estudio 26.	Jesús siente compasión por una viuda	103

SENDA DE VIDA PUBLISHERS, CO.
P.O. Box 559055 Miami, Florida 33255 U.S.A.
Tels. 1-800-336-2626 / 305-262-2627
E-mail:sendadevida@aol.com/www.sendadevida.com
©2009 Todos los derechos reservados

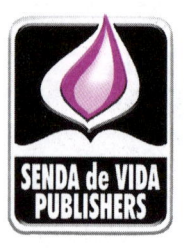

ITEM 15004

Unidad I: Personajes ejemplares de la Biblia

1 Abraham demuestra su obediencia a Dios

Base bíblica
Génesis 22:1-13

Versículo para memorizar
Para Conquistadores:
"Haremos todas las cosas que Jehová ha dicho, y obedeceremos" (Éxodo 24:7).
Para Vencedores y Mensajeros: "Es necesario obedecer a Dios" (Hechos 5:29).

Verdad central
La obediencia a Dios se demuestra con hechos.

Objetivos
Al terminar este estudio los alumnos podrán:
1. Conocer uno de los actos de obediencia de Abraham.
2. Aceptar que deben obedecer a Dios por amor y no por sacrificio.
3. Demostrar con sus hechos que obedecen a Dios.

Materiales
Conquistadores: Biblia, libro de figuras, libro del alumno, pañuelos de tela, hojas de papel, lápices, juego de tiro al blanco, merienda y franelógrafo.
Vencedores: Biblia, libro de figuras, libro del alumno, *styrofoam,* una caja de cartón (*Kleenex*) vacía, palitos de pinchos o de helado, papel china, marcador, pegamento, juego de tiro al blanco, merienda y tijeras.
Mensajeros: Biblia, libro de figuras, libro del alumno, vasos desechables, marcadores, calcomanías, juguetes, papel construcción, cartulina, juego de tiro al blanco y merienda.

Lectura bíblica

Génesis 22:1 Aconteció después de estas cosas, que probó Dios a Abraham, y le dijo: Abraham. Y él respondió: Heme aquí.
2 Y dijo: Toma ahora tu hijo, tu único, Isaac, a quien amas, y vete a tierra de Moriah, y ofrécelo allí en holocausto sobre uno de los montes que yo te diré.
6 Y tomó Abraham la leña del holocausto, y la puso sobre Isaac su hijo, y él tomó en su mano el fuego y el cuchillo; y fueron ambos juntos.
7 Entonces habló Isaac a Abraham su padre, y dijo: Padre mío. Y él respondió: Heme aquí, mi hijo. Y él dijo: He aquí el fuego y la leña; mas ¿dónde está el cordero para el holocausto?
9 Y cuando llegaron al lugar que Dios le había dicho, edificó allí Abraham un altar, y compuso la leña, y ató a Isaac su hijo, y lo puso en el altar sobre la leña.
10 Y extendió Abraham su mano y tomó el cuchillo para degollar a su hijo.
11 Entonces el ángel de Jehová le dio voces desde el cielo, y dijo: Abraham, Abraham. Y él respondió: Heme aquí.
12 Y dijo: No extiendas tu mano sobre el muchacho, ni le hagas nada; porque ya conozco que temes a Dios, por cuanto no me rehusaste tu hijo, tu único.
13 Entonces alzó Abraham sus ojos y miró, y he aquí a sus espaldas un carnero trabado en un zarzal por sus cuernos; y fue Abraham y tomó el carnero, y lo ofreció en holocausto en lugar de su hijo.

Datos sobre el pasaje bíblico

La palabra *probó* (poner a prueba) se encuentra en todas las versiones actuales. A través de esta circunstancia Dios estaba probando al extremo la lealtad espiritual de Abraham, tocando la vida de *Isaac, a quien amas*. Este hijo era evidencia del cumplimiento de las promesas divinas y el medio humano por el cual Abraham tendría asegurada la posteridad. Tenía que probarse que Abraham amaba a Dios sobre todas las cosas. La vuelta de su hijo desde el mismo borde de la muerte, fue su recompensa por haber salido victorioso de la prueba. Isaac fue educado en el

Senda de Vida/Mamani
©2009 Todos los derechos reservados ITEM 15004
No se permite fotocopiar sin permiso de los editores

ITEM 15004 •3

temor de Dios. Cuando llegó a la pubertad, manifestó una noble confianza y obediencia en la conducta que observó durante esta notable prueba de fe a la que fue sometido su padre. Y en esa dócil sumisión a la voluntad de Dios, prefiguró al Hijo Unigénito del Padre. Este acontecimiento marcó la altura máxima de la experiencia espiritual de Abraham. Previo a la petición tan grande de: *Toma a tu hijo, tu único, Isaac, a quien amas*, Dios lo había entrenado con tres decisiones que tuvo que hacer: 1) renunciar a su tierra, 2) separarse de su sobrino, y 3) despedir a Ismael. En esta ocasión, Dios le renovó a Abraham la promesa sobre la multiplicación de su descendencia, su supremacía, poderío sobre sus enemigos, y su misión de ser canal de bendición *a todas las naciones de la tierra. Moriah* significa "mostrado por Jehová", y fue el cerro sobre el cual Abraham estuvo a punto de sacrificar a su hijo.

¡Es tiempo de empezar!

Anime a los niños a participar de la nueva serie que se inicia, y decore el salón con dibujos y motivos relacionados con los personajes ejemplares que estudiarán. Reciba a los niños con alegría y entusiasmo; premie a los que llegaron a tiempo. Escriba los nombres de ellos en el cartel de asistencia de Senda de Vida. Seguidamente haga una oración para dar inicio al tiempo devocional. Cante coros alegres, que puede seleccionar teniendo en cuenta el tema del estudio. Use CD y videos para acompañar la alabanza, ya que esto motivará mucho a los niños. Reciba las ofrendas, pida que las depositen en el recipiente preparado para ese fin y luego ore por ellas.

Aplicación

Abraham le demostró a Dios que lo amaba obedeciéndolo incondicionalmente. Este hombre sabía que Dios no le pediría que hiciera algo que fuera mal para él, porque Dios siempre tiene pensamientos de bien para sus hijos. El Señor también nos va a pedir que le demostremos su amor, pidiendo que lo obedezcamos con lo que más queremos, o con lo que menos nos gusta hacer. Pero por fe debemos aceptar su pedido sabiendo que Él siempre busca nuestro bienestar. Demuéstrale al Señor cuánto lo amas obedeciéndolo en todo.

Para terminar, pida a sus niños que se pongan de pie y oren comprometiéndose a vivir en obediencia a Dios.

Historia bíblica

(Adapte la historia de acuerdo a la edad de sus alumnos. Recomendamos utilizar un lenguaje sencillo para los *Mensajeros*.)

Abraham era un hombre que amaba y obedecía a Dios. Aunque era un hombre viejo y no había tenido hijos, había creído en la promesa que Dios le había dado de que le daría una gran descendencia. Fue así que Dios le dio un hijo en su vejez al que llamó Isaac.

Abraham le había enseñado a su hijo acerca del amor a Dios y a sus padres, también le hablaba con frecuencia acerca de la importancia de ser obediente en todas las cosas. En una ocasión, Abraham tuvo que ser ejemplo de obediencia para Isaac. Aunque Abraham siempre había sido un hombre obediente, Dios quiso probarlo y por eso le pidió algo muy difícil: —"Toma ahora tu hijo, tu único, Isaac, a quien amas, y ofrécelo en holocausto sobre uno de los montes que yo te diré".

—¡Un momento! ¡No es posible que Dios le haya pedido que sacrificara a su propio hijo! ¡Era el único que tenía y estaba más viejo! ¿Para qué se lo había dado?—.

Pero Abraham conocía la voz que le hablaba, sí, era su Padre celestial, con quien tenía tratos hacía tiempo, y sabía que Él nunca le había fallado. Ante la petición de Dios, la reacción inmediata de Abraham fue obedecer. Así que se levantó temprano e hizo los preparativos necesarios: enlazó su asno, cortó leña para el holocausto, y junto con Isaac su hijo, se dirigió al lugar que Dios le había dicho. Mientras caminaban, Isaac notó que su padre llevaba todo para el holocausto menos el cordero que ofrendarían; entonces le dijo: —"Papá, ¿dónde está el cordero?" Abraham le respondió: —"Dios proveerá de cordero para el holocausto, hijo mío". Isaac no preguntó más y continuaron su caminata. Al llegar al monte Moriah, Abraham construyó un altar y puso encima la leña y luego ató a Isaac su hijo.

(*Muestre la escena de Abraham y su hijo en el altar.*)

Como la ofrenda era su propio hijo Isaac, lo puso sobre la leña. Abraham estaba obedeciendo incondicionalmente a Dios, pero Isaac también obedecía completamente a su padre.

Abraham alzó sus manos al cielo e hizo una oración para entregar a su hijo como ofrenda a Dios, pero cuando levantó el cuchillo, decidido a sacrificarlo… escuchó una fuerte voz que le dijo: —"No extiendas tu mano sobre el muchacho, ni le hagas nada, porque ya conozco que temes a Dios, por cuanto no me rehusaste a tu hijo". Abraham se detuvo porque reconoció que era el ángel de Jehová. Entonces Dios le proveyó un carnero para que lo sacrificara en lugar de su hijo.

Después de ofrendar el cordero a Dios, descendieron felices a casa y la bendición de Dios siempre estuvo en favor de Abraham y su familia todos los días de su vida.

Dinámica para el repaso

Lleve a la clase un juego de tiro al blanco; también lo puede elaborar con un círculo de icopor (*styrofoam*) o cartón y enumere cada círculo. Las flechitas puede hacerlas con palitos de pinchos. Reparta las flechitas entre los alumnos y cada uno tendrá derecho a un turno. Enumere las preguntas. Dé la oportunidad de tirar y en el número donde caiga

la flecha, será la pregunta que deben responder. Si cae en el centro no responde pregunta.
1. ¿Cuál era el nombre del hijo de Abraham con el que comenzaría ese pueblo? *Isaac.*
2. ¿Qué quiso probar Dios en Abraham? *Su obediencia.*
3. ¿Qué le pidió Dios a Abraham? *Que le ofreciera su hijo.*
4. ¿Cómo respondió Abraham a la petición de Dios? *Lo obedeció.*

Ejercicio del libro
Con los niños pequeños resulta mejor darle la hoja del libro del alumno correspondiente a la clase porque lo más probable es que si le entrega el libro, rayarán las páginas de otras lecciones, a los más grandes puede darle el libro si lo prefiere. Explique lo que van a hacer; luego, entregue los materiales para que realicen los ejercicios. Asegúrese que todos trabajen.

Actividades específicas para cada edad

Conquistadores

Actividad introductoria. Forme grupos de tres: uno de los niños será el guía y los otros dos los robots. Estos últimos se taparán los ojos con pañuelos. Estos sólo estarán programados para seguir hacia el frente; si chocan con algo se detendrán y harán sonar la alarma. El trabajo del guía será dirigirlos por camino seguro, sin hablar, solamente haciendo ruidos con las palmas de las manos. Déjelos que jueguen un tiempo prudencial; luego, a una señal, se cambiarán los papeles. Después que la mayoría de los niños haya participado, permítales expresar sus opiniones: ¿tenían miedo de tropezar?, ¿su guía les daba confianza?, etc. Después que participen comente que para que la actividad cumpliera su propósito, los que hicieron de robots debían confiar en su guía. Concluya diciendo que en la lección de hoy hablarán de dos personajes que tuvieron que seguir las instrucciones de Dios, y aunque era difícil hacer lo que se les pidió, ellos decidieron hacerlo confiar en Él.

Versículo para memorizar. "Haremos todas las cosas que Jehová ha dicho, y obedeceremos" (Éxodo 24:7). Escriba el versículo en la pizarra. En la parte superior de una hoja de papel trace varias líneas y debajo de ellas, escriba una sopa de letras con las palabras del versículo. Pida a los niños que busquen las palabras y cuando las encuentren que las escriban sobre las líneas. Al finalizar pídales que repitan varias veces el versículo hasta memorizarlo. (Para otras dinámicas de memorización, consulte el libro *Fácil y divertido, Cómo Memorizar Versículos,* de la serie *Secretos para Enseñar* de Senda de Vida.)

Trabajo opcional. Diríjalos para que hagan un acróstico. Escriba en la pizarra la palabra "obedecer" en forma vertical. Pida a los niños que piensen en palabras o frases que describa a una persona obediente y que comience con una de las letras de la palabra escrita. Luego, que por turno pasen a la pizarra a escribirla. Lea en voz alta lo que escribieron y guíelos a relacionarlo con los objetivos de la clase. Felicítelos por su participación.

Vencedores

Actividad introductoria. Haga tarjetas pequeñas en papel de construcción de diferentes colores; en cada una dibuje las siguientes siluetas: una iglesia, una escuela y una casa (haga cuatro tarjetas para cada dibujo). Coloque las tarjetas en una canastita y póngala sobre una mesa. Pida a los alumnos que formen un círculo. Enumérelos y pida que recuerden el número que les correspondió. Los alumnos se tomarán de las manos y darán vueltas mientras cantan alguna canción o ronda infantil. Cuando usted diga un número, todos deben detenerse y al que le corresponda ese número debe correr hasta donde están las tarjetas y tomar una. Si la tarjeta tiene una casa, debe decir en voz alta una regla de obediencia para con los padres; si es la iglesia, una regla de obediencia a Dios; y para la escuela, una regla de obediencia para con los maestros. (Cuando digan una regla escríbala en la pizarra para ser usada en la aplicación.) Después que hayan participado varios alumnos, explique la importancia de obedecer al Señor, a los padres y a los maestros. Comente: "En la clase de hoy se hablará de un hombre obediente a Dios".

Versículo para memorizar. "Es necesario obedecer a Dios" (Hechos 5:29). Escriba el texto en un cartel grande y péguelo en la pizarra. Haga cualquier gesto o movimiento (saltando, palmeando, etc.), mientras repite el texto; invite a los niños a que lo imiten. Después, pida a algunos voluntarios que pasen al frente a dirigir la repetición, pero cada uno debe inventar su propio gesto, para que los demás lo hagan. Termine la dinámica cuando compruebe que memorizaron el versículo y la cita. (Para otras dinámicas de memorización, consulte el libro *Fácil y divertido, Cómo Memorizar Versículos,* de la serie *Secretos para Enseñar* de Senda de Vida.)

Trabajo opcional. Los niños harán un altar para que recuerden el ejemplo de obediencia que nos dejó Abraham. Necesitará para cada niño: una caja de cartón (*Kleenex*) vacía, palitos de pinchos partidos o de helado, papel china anaranjado y rojo, un marcador, pegamento y tijeras. La caja de *Kleenex* ya viene con una abertura en la parte superior, que servirá para poner fuego en el altar. Decore la caja con papel, y dibuje con el marcador las piedras. Pegue los palitos encima del altar para simular la leña luego, recorte papel cometa en forma de llamas y péguelo sobre la leña introduciéndolo por la abertura de la caja.

Mensajeros

Actividad introductoria. Muestre un juguete de los que a los niños les gusta más, como carros, ositos, etc. Pregunte: "¿Cuáles son sus juguetes preferidos?, ¿cómo los cuidan?, ¿duermen con ellos?", etc. Después, pregúnteles: "¿Qué harían si su papá les pide su juguete para quemarlo? ¿Se lo darían? ¿Confiarían en que su papá no permitiría que nada malo le sucediera a ese juguete?". Espere sus comentarios y reacciones y luego diga: "El hombre de la historia de hoy tuvo que probar si de verdad confiaba en Dios cuando este le pidió lo que más amaba".

Versículo para memorizar. "Es necesario obedecer a Dios" (Hechos 5:29). Haga en cartulina distintas figuras (corazones, triángulos, cuadrados, etc.) y escriba en cada una de ellas las palabras del versículo. Cuélguelas en un gancho de ropa como se muestra en la ilustración. Diga en voz alta cada palabra del texto y señale la figura que la contiene. Haga varias veces la dinámica; pero ahora los niños repetirán después de usted. Luego señale la figura y que digan la palabra. Continúe hasta que se aprendan el texto. (Para otras dinámicas de memorización, consulte el libro *Fácil y divertido*, *Cómo Memorizar Versículos*, de la serie *Secretos para Enseñar* de Senda de Vida.)

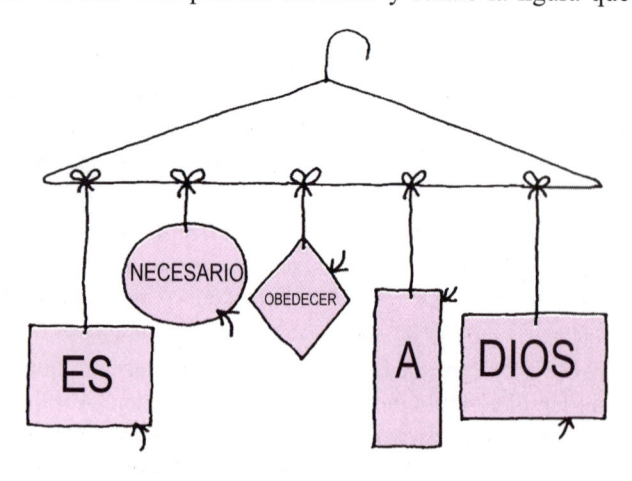

Trabajo opcional. Para esta actividad cada niño necesitará, dos vasos desechables, un hilo o cáñamo de 60 cm de largo, colores y calcomanías. En la parte inferior de cada vaso haga un pequeño orificio con la punta de una tijera e inserte el hilo conectando un vaso con otro. Asegure el hilo haciendo el nudo más grande que el orificio. Pida a los niños que decoren los vasos como a ellos les guste. Déles los materiales que necesitan. Después, que jueguen a hablar por teléfono, colocándose uno el vaso en el oído y el otro en la boca mientras habla; lo harán por turno. Dígales que le digan a su compañero: "Yo obedezco a Dios".

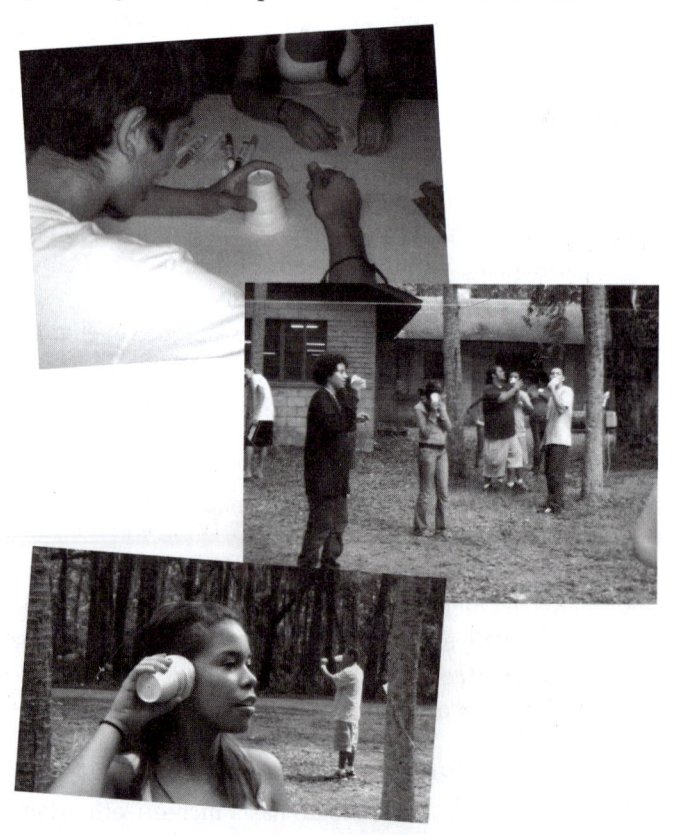

Clausura

Ofrezca a los niños un refrigerio sencillo y luego dé por terminada la clase cantando varios coros alegres. Recuérdeles que deben llegar puntuales a la próxima clase.

Ayudas visuales

En el libro de figuras que acompaña nuestro material, encontrará la escena correspondiente a cada estudio. Desprenda la hoja y muestre la ilustración en el momento que lo considere apropiado. Puede presentar la escena sobre un franelógrafo, un cartón o cualquier otro recurso didáctico.

Unidad I: Personajes ejemplares de la Biblia

2 José el soñador

Base bíblica
Génesis 37:1-17

Versículo para memorizar
Para Conquistadores: "He aquí... mi escogido, en quien mi alma tiene contentamiento" (Isaías 42:1).
Para Vencedores y Mensajeros: "He aquí... mi escogido" (Isaías 42:1).

Verdad central
Fuimos escogidos por Dios desde antes de la fundación del mundo.

Objetivos
Al concluir esta lección los estudiantes podrán:
1. Conocer los aspectos positivos y negativos de la vida de José.
2. Creer que Dios los escogió con un propósito.
3. Permanecer fieles a Dios para cumplir los planes que Él tiene para sus vidas.

Materiales
Conquistadores: Biblia, libro del alumno, libro de figuras, láminas, cartulinas, retazos de tela, lentejuelas, pedazos de estambre, marcadores, pegamento, tijeras, tiras cómicas, grapadora, bolsas de papel, platos desechables y merienda.
Vencedores: Biblia, libro del alumno, libro de figuras, silueta de un niño, retazos de telas de diversos colores, dos bolsas de papel, hojas de papel y caramelos.
Mensajeros: Biblia, libro del alumno, libro de figuras, láminas, bolsas de papel, cartulinas, tela, pegamento, platos de cartón, palitos de helado y merienda.

Lectura bíblica
Génesis 37:1 Habitó Jacob en la tierra donde había morado su padre, en la tierra de Canaán.
2 Esta es la historia de la familia de Jacob: José, siendo de edad de diecisiete años, apacentaba las ovejas con sus hermanos; y el joven estaba con los hijos de Bilha y con los hijos de Zilpa, mujeres de su padre; e informaba José a su padre la mala fama de ellos.
3 Y amaba Israel a José más que a todos sus hijos, porque lo había tenido en su vejez; y le hizo una túnica de diversos colores.
4 Y viendo sus hermanos que su padre lo amaba más que a todos sus hermanos, le aborrecían, y no podían hablarle pacíficamente.
5 Y soñó José un sueño, y lo contó a sus hermanos; y ellos llegaron a aborrecerle más todavía.
9 Soñó aun otro sueño, y lo contó a sus hermanos, diciendo: He aquí que he soñado otro sueño, y he aquí que el sol y la luna y once estrellas se inclinaban a mí.
10 Y lo contó a su padre y a sus hermanos; y su padre le reprendió, y le dijo: ¿Qué sueño es este que soñaste? ¿Acaso vendremos yo y tu madre y tus hermanos a postrarnos en tierra ante ti?
13 Y dijo Israel a José: Tus hermanos apacientan las ovejas en Siquem: ven, y te enviaré a ellos. Y él respondió: Heme aquí.
14 E Israel le dijo: Vé ahora, mira cómo están tus hermanos y cómo están las ovejas, y tráeme la respuesta. Y lo envió del valle de Hebrón, y llegó a Siquem.

Datos sobre el pasaje bíblico
La túnica era una vestimenta de uso común; las había sencillas que llegaban hasta la rodilla y con manga corta. La de José era probablemente de las que usaban los

nobles: de mangas largas, llegaba hasta los tobillos y tenía muchos colores. Regalarle una así a José, demostraba favoritismo de parte de Jacob. Quizás esto agravó las relaciones entre él y sus hermanos por lo que le aborrecían más.

Los sueños empeoraron la situación. José se complacía en relatar sus inusitados sueños a sus medio hermanos. El primer sueño de José era inocente: la escena de una cosecha en la que su manojo se levantaba y los de sus medio hermanos se inclinaban al de él. Sus hermanos de inmediato captaron su implicación, e indignados le preguntaron: *¿Reinarás tú sobre nosotros?* El otro sueño se refería a cosas del firmamento: *El sol, la luna y once estrellas se inclinaban a mí.* Escuchando esta conversación, Jacob lo reprendió, porque comprendía que él simbolizaba el sol, la luna a Raquel y las once estrellas a sus otros hijos. Pero meditaba en ello, es decir, lo guardó en su memoria.

¡Es tiempo de empezar!

Para esta unidad, divida el aula en cinco secciones o centros de actividades: centro de bienvenida y de actividad introductoria, centro de narración, centro de trabajos manuales, centro de memorización de versículos y centro de meriendas. Puede decorar el aula como una aldea en los tiempos bíblicos, donde los niños pueden ir de un lugar a otro. Si no tiene mucho presupuesto o espacio, simplemente coloque carteles que delimiten cada área. En el área de narración puede colgar un mantel o manta, para hacer una carpa. Inicie la clase dando la bienvenida a los niños y luego, que vayan al centro de actividades correspondientes para que hagan el devocional (alabanza y adoración) y recolecten las ofrendas. Permita que cada uno se registre en el cartel de asistencia de Senda de Vida.

Aplicación

Dios había escogido a José para hacer cosas grandes. Aunque él no comprendía, estaba seguro que lo que Dios hacía era lo correcto. Dios también los ha escogido a ustedes para que hagan cosas importantes en su obra, y al igual que José, deben confiar en que Dios los ayudará a hacer lo que Él quiere.

Dinámica para el repaso

Decore dos bolsas de papel y déles la forma de camisas. Escriba las preguntas en tiras de papel, enróllelas e introdúzcalas en la bolsa; en la otra tenga caramelos para todos.

Historia bíblica

(Adapte la historia de acuerdo a la edad de sus alumnos. Recomendamos utilizar un lenguaje sencillo para los *Mensajeros*.)

José tenía diecisiete años y era uno de los menores entre sus once hermanos. Era pastor de ovejas, y este trabajo lo realizaba junto a sus hermanos. Su padre Jacob le tenía especial cariño, quizá porque había nacido cuando ya estaba viejo y, además, era hijo de Raquel la mujer que él amaba. Un día Jacob hizo una hermosa túnica de colores y se la regaló a José. (Explique que esa túnica era como la ropa bonita y elegante que usan algunas personas y que no todos pueden tener.) El joven estaba tan contento, por el regalo que había recibido, que se fue corriendo a donde sus hermanos para mostrárselo. (*Muestre la escena de José enseñando la túnica a sus hermanos.*)

Ellos al ver el regalo, sintieron más odio y envidia de él. Pero José era un hijo obediente a su padre y además amaba a Dios y mantenía una comunión especial con Él. Una noche sucedió algo que hizo que sus hermanos lo odiaran más. José tuvo un sueño, y en la mañana se lo contó a sus hermanos: —"Anoche tuve un sueño, en el cual veía que atábamos manojos de espigas en medio del campo, y mi manojo se levantaba derecho pero los de ustedes se inclinaban ante el mío".

Uno de ellos le dijo: —¿Acaso reinarás sobre nosotros?, y burlándose de él lo despreciaban y no le prestaban atención, porque no se imaginaban que era Dios quien se estaba revelando a su vida. Dios había escogido a José con un propósito especial.

Pasaron los días y José volvió a tener otro sueño. Este incluía a más miembros de su familia. José veía al sol, la luna y once estrellas que se inclinaban delante de él. Cuando le contó el sueño a su padre, este lo reprendió, diciendo: —¿Acaso vendremos yo, tu madre y tus hermanos a postrarnos en tierra delante ti? —.

Estas revelaciones provocaban que José fuera más odiado por sus hermanos, sin embargo, él confiaba en Dios y, aunque no comprendía muy bien sus sueños, sabía que había sido escogido para algo especial y que en su tiempo el Señor cumpliría sus propósitos.

Pida a los niños que voluntariamente pasen al frente, tomen una pregunta, la lean (dígasela a los que no saben leer) y el que la responda tiene derecho a un caramelo.

Sugerencia para los más pequeños: dibuje en un papel una túnica. Péguela en la pared o pizarra a la altura de los niños. Cada vez que un niño responda una pregunta correctamente, puede pintar con colores una franja de la túnica.

1. ¿Qué le regaló a José su papá? *Una túnica.*
2. ¿Por qué los hermanos de José no gustaban de él? *Por-*

que su padre lo amaba más que a todos.
3. ¿Cómo llamaban a José sus hermanos? *El soñador.*
4. ¿Qué sentían sus hermanos por él? *Desprecio y envidia.*

Ejercicio del libro
Distribuya el libro del alumno y explique lo que van a realizar. Entregue los lápices de colores y demás materiales que necesitarán. Esté atento a brindar ayuda en caso que la necesiten.

Actividades específicas para cada edad

Conquistadores
Actividad introductoria. Lleve a la clase varias láminas en las que se muestre cómo vestía la gente en la época de la Biblia. Coloque en una mesa (del área de trabajos manuales): cartulinas, retazos de tela, lentejuelas, pedazos de estambre, marcadores, pegamento y tijeras. Los estudiantes observan las láminas para conocer cómo era la ropa en los tiempos antiguos. Pida que recorten en la cartulina figuras humanas de 12-18 pulgadas (30- 45 centímetros). Luego, que las vistan con los materiales que colocó en la mesa. Explique que hoy hablarán de un joven que es reconocido entre los principales personajes de la Biblia por su comportamiento ejemplar y que también se le identifica por una hermosa túnica que su padre le obsequió. Si tiene tiempo, comente acerca de las cosas que sus padres les han regalado. (Si lo desea, coloque las creaciones de sus alumnos en un lugar visible por todos.)

Versículo para memorizar. "He aquí... mi escogido, en quien mi alma tiene contentamiento" (Isaías 42:1). Haga una rutina de repetición hasta que puedan recitar el versículo de memoria y sin ayuda. Explíqueles la verdad tan profunda que encierra este texto. Permita que ellos puedan entender cuál es nuestra responsabilidad como pueblo escogido. (Para otras dinámicas de memorización, consulte el libro Fácil y divertido, *Cómo Memorizar Versículos,* de la serie *Secretos para Enseñar* de Senda de Vida.)

Trabajo opcional. Los niños harán túnicas con tiras cómicas. Necesitará: tiras cómicas en colores de periódicos o revistas, grapadoras y grapas. Pida que formen parejas. Entregue a cada pareja una grapadora, tijera y tiras cómicas. Cuando usted lo indique, las parejas comienzan a crear la túnica (una para cada uno). Especifique que la túnica debe tener: la parte de enfrente, la de atrás y las mangas. Ganará la pareja que termine la túnica y se la ponga antes que los demás.

Vencedores
Actividad introductoria. Dibuje la silueta de un niño en una hoja de papel. Consiga retazos de telas de varios colores y haga la silueta de una camisa y un pantalón. Dé a cada uno la hoja de papel con la figura del niño, los recortes de la ropa y pegamento. Dígales que ahora ellos van a vestir al niño. Cuando finalicen, comente lo bien que se ven sus figuras y dígales que hoy les va a contar la historia de un niño al que su papá le dio una túnica (camisa larga) de varios colores. Pídales que guarden sus trabajos y escuchen con atención esta historia.

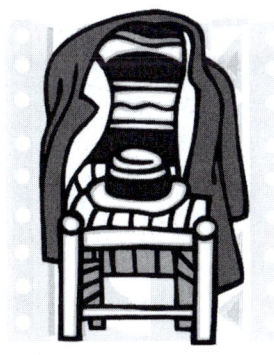

Versículo para memorizar. "He aquí... mi escogido" (Isaías 42:1). Haga un separador de cartoncillo. Corte rectángulos de aproximadamente 5' de largo x 1.5' de ancho. Haga un agujero en la parte superior para que le pongan la borla (un pedazo de lana o madeja). Escriba, a lo largo del separador el versículo. Dé los materiales a los niños para que lo decoren y coloquen la borla. Luego pida que repitan el versículo hasta que lo memoricen. (Para otras dinámicas de memorización, consulte el libro *Fácil y divertido, Cómo Memorizar Versículos,* de la serie *Secretos para Enseñar* de Senda de Vida.)

Trabajo opcional. Haga en papel siluetas de los elementos sobresalientes de esta historia (túnica, trigo, el sol, la luna, las estrellas, etc.). Entregue a cada niño un vaso desechable. Ponga en una mesa las siluetas y pegamento. Explique a los niños que peguen en el vaso las figuras que están relacionadas con la historia. Luego, que decoren el vaso según su creatividad y lo lleven a casa para que cuenten a su familia la historia de hoy.

Mensajeros

Actividad introductoria. Lleve a la clase revistas con láminas de colores donde aparezcan hombres, mujeres y niños vestidos diferentes, y si es posible, de distintas épocas; tijera, pegamento. Designe un área del salón para hacer un pequeño mural dividido en dos; en una parte escriba como título "hombres" y en la otra, "mujeres." Muestre las láminas y pida a los niños que observen la vestimenta que usa cada persona y cómo ha cambiado la moda. Hable de que en la antigüedad la gente usaba túnicas largas para vestir. Guíe la conversación acerca de cómo se han sentido cuando les han regalado ropa. Después de la conversación invite a los niños a recortar y pegar figuras de hombres, mujeres y niños. Luego, que peguen las figuras en el mural que corresponde según el rótulo. Mientras trabajan, comente que hoy hablaremos de un joven que recibió un regalo muy especial.

Versículo para memorizar. "He aquí... mi escogido" (Isaías 42:1). Lleve a la clase una bata o camisa de colores. Haga mímicas mientras repite el versículo varias veces hasta que lo aprendan. Pida a cada niño que se ponga la bata o camisa y que diga el versículo.

(Para otras dinámicas de memorización, consulte el libro *Fácil y divertido*, *Cómo Memorizar Versículos,* de la serie *Secretos para Enseñar* de Senda de Vida.)

Trabajo opcional. Amplíe y haga copias de la ilustración para cada niño. Recorte también pedazos de tela o papel (de diferentes colores) con las formas de las divisiones que tiene la túnica de la ilustración. Entregue un dibujo a cada uno y ponga los recortes en el centro de cada mesa. Pida que rellenen la figura pegándole los recortes. Recuerde a los niños que este fue el regalo que recibió José.

Clausura

Ofrezca una merienda a los niños. Concluya la clase en un ambiente grato de manera que los niños sientan el deseo de regresar la próxima semana.

Ayudas visuales

Desprenda la figura correspondiente a la lección de hoy (que se encuentra en el libro de figuras que viene con este material). Péguela en un pedazo de cartulina del tamaño proporcional a la ilustración. Si lo desea hágale un marco. Muéstrela en el momento indicado.

Unidad I: Personajes ejemplares de la Biblia

3 ¿Dónde está José?

Base bíblica
Génesis 37:12-21, 28-36

Versículo para memorizar
Para Conquistadores: "Y el mundo pasa, y sus deseos; pero el que hace la voluntad de Dios permanece para siempre" (1 Juan 2:17).
Para Vencedores y Mensajeros: "No temeré, porque tú estarás conmigo" (Salmo 23:4b).

Verdad central
Dios tiene planes y propósitos para cada vida.

Objetivos
Este estudio ayudará a los alumnos a:
1. Conocer las dificultades que sufrió José y cómo las afrontó.
2. Comprender que el éxito viene de Dios.
3. Agradecer al Señor por tener un lugar especial para él.

Materiales
Conquistadores: Biblia, libro del alumno, libro de figuras, títeres, papel construcción, lápices y hojas.
Vencedores: Biblia, libro del alumno, libro de figuras, títeres, periódicos, paraguas, cinta adhesiva, tarjetas de cartulina y papel construcción.
Mensajeros: Biblia, libro del alumno, libro de figuras, títeres, cajas de cartón, tubos de papel higiénico, pegamento, cartulina, felpa, papel construcción y merienda.

Lectura bíblica

Génesis 37:12 Después fueron sus hermanos a apacentar las ovejas de su padre en Siquem.
13 Y dijo Israel a José: Tus hermanos apacientan las ovejas en Siquem: ven, y te enviaré a ellos. Y él respondió: Heme aquí.
14 E Israel le dijo: Vé ahora, mira cómo están tus hermanos y cómo están las ovejas, y tráeme la respuesta. Y lo envió del valle de Hebrón, y llegó a Siquem.
18 Cuando ellos lo vieron de lejos, antes que llegara cerca de ellos, conspiraron contra él para matarle.
19 Y dijeron el uno al otro: He aquí viene el soñador.
20 Ahora, pues, venid, y matémosle y echémosle en una cisterna, y diremos: Alguna mala bestia lo devoró; y veremos qué será de sus sueños.
21 Cuando Rubén oyó esto, lo libró de sus manos, y dijo: No lo matemos.
28 Y cuando pasaban los madianitas mercaderes, sacaron ellos a José de la cisterna, y le trajeron arriba, y le vendieron a los ismaelitas por veinte piezas de plata. Y llevaron a José a Egipto.
29 Después Rubén volvió a la cisterna, y no halló a José dentro, y rasgó sus vestidos.
30 Y volvió a sus hermanos, y dijo: El joven no parece; y yo, ¿adónde iré yo?
31 Entonces tomaron ellos la túnica de José, y degollaron un cabrito de las cabras, y tiñeron la túnica con la sangre;
32 y enviaron la túnica de colores y la trajeron a su padre, y dijeron: Esto hemos hallado; reconoce ahora si es la túnica de tu hijo, o no.

Datos sobre el pasaje bíblico

Jacob envió a José a donde estaban sus otros hijos para saber si estaban bien. Su preocupación era porque los pueblos que estaban alrededor podían levantarse contra ellos y vengarse por desavenencias pasadas. Él quería asegurarse del bienestar de sus hijos.

Los hermanos de José intentaron acabar con su vida, pero Rubén pidió que lo echaran en una cisterna que estaba seca. Una cisterna era un hoyo cavado en el suelo con el propósito de almacenar el agua de lluvia. Una cisterna seca se usaba comúnmente como prisión. Probablemente la acción de Rubén para salvar a José, se debió a que no quería quedar mal con su padre, pues anteriormente había cometido una falta muy grave (35:22), y como consecuencia había perdido la herencia como primogénito y no quería arriesgarse a perderlo todo. Es posible que tuviera temor de ser expulsado de la familia; además, como hijo mayor, era responsable de lo que sucedía a sus hermanos menores. José fue vendido a los ismaelitas por veinte piezas de plata; no se trataba de monedas, sino de piezas de ese metal, pesado en balanza. El precio normal de un esclavo en los tiempos de Moisés era de 30 piezas de plata. Potifar era un egipcio que compró a José; tenía un puesto de relevancia, era oficial de Faraón, capitán de la guardia.

¡Es tiempo de empezar!

Decore el aula con motivos alusivos al tema. Si tiene trofeos, llévelos a la clase; de lo contrario, consiga algunos prestados. También puede conseguir diplomas, medallas o cualquier elemento que simbolice un galardón por haber obtenido algún logro. Con anticipación prepare una presentación de títeres (marionetas). Póngales vestiduras de los personajes bíblicos y ensaye cantos de alabanza y exaltación a Dios (no deje que los niños vean los títeres antes de la presentación). Con mucho entusiasmo, salude a sus alumnos e invítelos a cantar a Dios. Ahora sí, presente a sus invitados "los títeres" y diga a los niños que juntos vamos a alabar al Señor. Seguidamente pídales que depositen su ofrenda en el lugar asignado, y un niño orará bendiciendo las ofrendas y dando gracias a Dios por permitirles estar en su casa adorándole. Pase lista y felicítelos por su fiel asistencia.

Historia bíblica

(Adapte la historia de acuerdo a la edad de sus alumnos. Recomendamos utilizar un lenguaje sencillo para los *Mensajeros*.)

Todos los días los hijos de Jacob buscaban pasto fresco para dar de comer a las ovejas de su padre. Un día caminaron mucho para encontrar pasto y se alejaron del lugar acostumbrado. Pasaron los días y Jacob no sabía nada de ellos; así que decidió enviar a uno de sus hijos menores para saber si estaban bien. Y le dijo a José: —Busca a tus hermanos y averigua si todo marcha bien, y llévales alimento".

—¿Qué pensaría José cuando su padre le hizo esta petición?—. Quizás se acordaría de las actitudes de odio y envidia que sus hermanos le habían mostrado. Seguramente sintió un poco de miedo al saber que estaría a solas con ellos alejado de la protección de su padre. Si José pensó eso, no lo sabemos; lo que sí conocemos es que en obediencia a su padre, hizo lo que se le había mandado y se fue en busca de sus hermanos. Cuando estos lo vieron acercarse, comenzaron a planear cómo deshacerse de él. Entre las opciones que discutieron, consideraron la posibilidad de matarlo, pero Rubén, el mayor de todos, los convenció de echarlo a una cisterna vacía (pozo, represa, estanque) que había muy cerca. Cuando llegó José, le quitaron la túnica y lo echaron en la cisterna. (*Muestre la escena de José cuando sus hermanos lo están echando a la cisterna.*)

Rubén tenía la intención de devolverlo a su padre, y les dijo a sus hermanos que vigilaran a José mientras él iba a darle una vuelta al rebaño. Los demás se reunieron para comer; pero vieron que venía una caravana de mercaderes. Judá, uno de los hermanos de José, convenció a los otros para que lo vendieran como esclavo a estos comerciantes.

Cuando Rubén regresó, se encontró con que sus hermanos habían vendido a José por veinte piezas de plata. Ante esta situación no le quedó más remedio que aliarse con ellos.

Todos acordaron que cuando llegaran ante su padre y este les preguntara: "¿Dónde está José?", ellos responderían: "Unas bestias salvajes lo atacaron y lo mataron". Entonces mataron un cabrito y con la sangre mancharon la túnica de colores de José; esta sería la prueba que presentarían a Jacob para confirmar lo que decían.

Cuando Jacob vio que todos sus hijos llegaron menos José, les preguntó: —¿Dónde está José?—. Ellos respondieron conforme a lo acordado. El dolor de Jacob ante la supuesta muerte de su amado hijo fue muy grande. Mientras tanto, José estaba muy asustado; no sabía qué iba a pasar con su vida; sólo esperaba la voluntad de Dios, sabiendo que Él tenía propósitos especiales con su vida.

Aplicación

La situación que le tocó vivir a José no fue la más agradable: despreciado y odiado por sus hermanos, vendido como esclavo y enfrentando un futuro incierto. A pesar de todo, José estaba seguro de que su vida estaba en las manos de Dios. Esa certeza y confianza en Dios le dieron fuerzas para soportar todas estas dificultades. Esa es la seguridad que necesitamos tener, creer que Dios tiene control de nuestra vida y si es así, nada ni nadie puede hacernos daño. A pesar de que las circunstancias sean adversas Dios cumplirá sus propósitos en cada persona.

Dinámica para el repaso

Dibuje o pegue en el piso círculos en papel construcción o cartulina de varios colores; incluya sólo uno de color negro. Explique que cuando suene una música todos saltarán alrededor de los círculos; pero cuando se detenga todos deberán correr y pararse sobre uno. El que quede en el círculo de color negro (que es el pozo o cisterna), responde una pregunta.

1. ¿Por qué José fue a buscar a sus hermanos? *Porque su padre lo mandó.*
2. ¿Qué hicieron con José después de echarlo en la cisterna? *Lo vendieron.*
3. ¿Qué preguntó Jacob al ver a sus hijos? *¿Dónde está José?*
4. ¿Qué le dijeron a Jacob que le había pasado a José? *Que se lo había comido un animal.*

Ejercicio del libro

Ponga en cada mesa lápices de colores (o crayones) y demás materiales que necesitarán. Entregue los libros (o desprenda las páginas) y explique claramente lo que van hacer. Recuerde que a los niños pequeños hay que supervisarles su trabajo, para verificar que lo hagan correctamente.

Actividades específicas para cada edad

Conquistadores

Actividad introductoria. Divida la clase en dos grupos. Con anticipación escriba en tiras de papel escenas ocurridas en la historia de la clase pasada, por ejemplo: José cuenta el sueño de los manojos de espigas; Jacob le regala una túnica de colores a José, etc. Escriba por lo menos seis situaciones y colóquelas dentro de un envase. Un grupo escogerá a un compañero, para que saque una tira. Este debe leerla y luego accionarla con mímica para que su grupo identifique la escena en el tiempo que estipule (un minuto más). Luego le toca el turno al otro grupo. Por cada escena que identifiquen ganan un punto. Esta actividad le servirá de repaso y de introducción para continuar con la historia de José.

Versículo para memorizar. "Y el mundo pasa, y sus deseos; pero el que hace la voluntad de Dios permanece para siempre" (1 Juan 2:17).

Con anticipación, escriba en tarjetas el versículo de hoy, una tarjeta para cada palabra. Póngale por detrás cinta adhesiva de doble cara. Escriba en el pizarrón en letras grandes el versículo. Haga que lo repitan hasta que lo memoricen. Divida la clase en tres o cuatro grupos, dependiendo de la cantidad de alumnos. Coloque sobre una mesa a una distancia prudente del pizarrón todas las tarjetas en desorden y boca abajo. Cuando dé la orden, el primer grupo debe tomar las tarjetas para pegarlas en el pizarrón en el orden correcto. Luego hace lo mismo con el otro grupo. El equipo que lo haga en el menor tiempo será el ganador. (Para otras dinámicas de memorización, consulte el libro *Fácil y divertido, Cómo Memorizar Versículos,* de la serie *Secretos para Enseñar* de Senda de Vida.)

Trabajo opcional. Los alumnos dramatizarán la historia de hoy. Escoja unos niños para que representen a los hermanos de José, otros a los vendedores, a Rubén y a José. Dé tiempo para que se preparen. Después de la presentación, felicítelos por lo que hicieron y ofrézcales una deliciosa merienda.

Vencedores

Actividad introductoria. Los niños representarán una batalla. Necesitará hojas de periódicos y varios paraguas. Pida a todos que arruguen el periódico para formar bolas. Forme dos grupos. Divida el aula por la mitad con una cinta, para marcar el área de juego de cada grupo. Entregue a un grupo los paraguas y al otro las bolas de papel. A su señal, el grupo que tiene las "piedras" las lanzará contra el otro grupo, mientras que los oponentes se cubrirán de los ataques haciendo uso de los paraguas. Para que todos tengan la misma experiencia, invierta los papeles. Después hábleles de la función que desempeñó el paraguas. Dígales que en la lección de hoy veremos cómo fue atacado José y cómo fue librado de morir.

Versículo para memorizar. "No temeré mal alguno, porque tú estarás conmigo" (Salmo 23:4b). Con anticipación, escriba cada palabra del versículo en una tarjeta de cartulina. Péguele cinta adhesiva de doble cara detrás de cada tarjeta. Escriba en el pizarrón en letras grandes el versículo, y pida que lo repitan hasta memorizarlo. Divida la clase en tres o cuatro grupos, dependiendo de la cantidad de alumnos. Coloque sobre una mesa, a una distancia prudente del pizarrón, todas las tarjetas, boca abajo y en desorden. Cuando usted dé la orden, el primer grupo tomará una las tarjetas y las pegará en el pizarrón en el orden correcto. El equipo que lo haga en el menor tiempo será el ganador. (Para otras dinámicas de memorización, consulte el libro *Fácil y divertido, Cómo Memorizar Versículos,* de la serie *Secretos para Enseñar* de Senda de Vida.)

Trabajo opcional. Los alumnos dramatizarán la historia de hoy. Escoja quiénes representarán a los hermanos de José, a los mercaderes y a José. Dé tiempo para que se preparen. Después de la presentación, felicítelos por lo que hicieron y ofrézcales una deliciosa merienda.

Mensajeros

Actividad introductoria. Lleve a la clase varias cajas de cartón grande. Quíteles las tapas, píntelas o fórrelas de color marrón o decórelas de manera que parezca un pozo. Explique a los niños que van hacer un juego (si su clase es numerosa que jueguen por turnos). Diga que esas cajas son como pozos y que allí van a ir los que tengan... (puede decir, los que tengan algo azul, o un reloj, etc.). El que entra al pozo no puede salir. Luego dígales que para salir de allí deben pagar, pero como ellos no tienen dinero, deben hacer algo cómico que le guste a los demás como cantar, danzar, decir los números en forma de poesía, etc. Al terminar, pregúnteles cómo se sintieron en el pozo o cisterna y que si era justo que los encerraran y que tuvieran que pagar un rescate. Luego, dígales que en la clase de hoy hablaremos de un joven que fue encerrado en una cisterna.

Versículo para memorizar. "No temeré, porque tú estarás conmigo" (Salmo 23:4b). Diga el versículo y explíquelo. Pida a los niños que formen una fila y llévelos al patio de recreo (o a otro lugar). Mientras marchan en fila, que repitan el versículo. Explíqueles que cada vez que lo digan irán subiendo el volumen hasta decirlo bien fuerte. Una vez que lo memoricen, bríndeles una merienda como recompensa al esfuerzo que hicieron en aprenderlo. (Para otras dinámicas de memorización, consulte el libro *Fácil y divertido, Cómo Memorizar Versículos,* de la serie *Secretos para Enseñar* de Senda de Vida.)

Trabajo opcional. Hoy harán un pozo. Necesitará para cada niño: 1/2 tubo de papel higiénico, pegamento, círculo de cartulina de 1 ¾", felpa marrón cortada en forma de piedrecillas y felpa gris claro de 2"x 5 ½". Forre el tubo con la felpa gris clara y péguele las piedritas. Por la parte de abajo pegue el círculo de cartulina (ver ilustración).

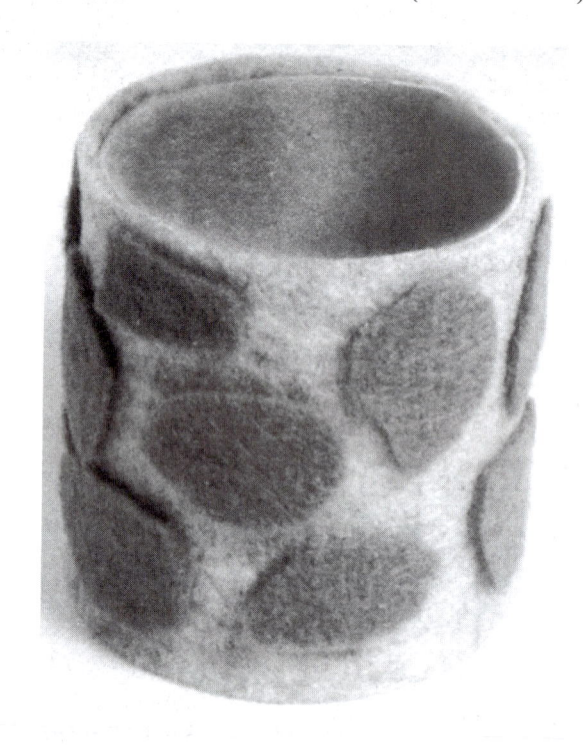

Clausura

Comente con los alumnos cómo pueden aplicar a su vida lo aprendido hoy; enfatice los puntos principales. Despídalos cantando algunos coros y haga una oración.

Ayudas visuales

Recorte las figuras y muéstrelas en un franelógrafo. Mantenga sobre su mesa el material que necesitará para cada segmento, de manera que le sea accesible.

Unidad I: Personajes ejemplares de la Biblia

4 Egipto, el nuevo hogar de José

Base bíblica
Génesis 39: 1-6,19-23; 41

Versículo para memorizar
Para Conquistadores y Vencedores: "Si Dios es por nosotros, ¿quién contra nosotros?" (Romanos 8:31).
Para Mensajeros: "Dios es por nosotros" (Romanos 8:31).

Verdad central
Mantengámonos fieles a Dios aunque todo esté en nuestra contra.

Objetivos
Mediante esta lección los alumnos estarán en capacidad de:
1. Entender que Dios puede hacer que las situaciones difíciles se vuelvan una bendición.
2. Creer que Dios está en control de todo aun en los momentos de crisis.
3. Tener una actitud de servicio y alegría aunque las situaciones sean adversas.

Materiales
Conquistadores: Biblia, libro del alumno, libro de figuras, cartulinas, marcadores, sandía, jengibre, jugo de uvas y vasitos.
Vencedores: Biblia, libro del alumno, libro de figuras, lápices, títere, cartulinas y vasitos.
Mensajeros: Biblia, libro del alumno, libro de figuras, escobas, paños de limpiar, una vasija con agua, platos plásticos, hoja con dibujos, recortes, pegamento, vasitos, etc.

Lectura bíblica

Génesis 39:1 Llevado, pues, José a Egipto, Potifar oficial de Faraón, capitán de la guardia, varón egipcio, lo compró de los ismaelitas que lo habían llevado allá.
2 Mas Jehová estaba con José, y fue varón próspero; y estaba en la casa de su amo el egipcio.
3 Y vio su amo que Jehová estaba con él, y que todo lo que él hacía, Jehová lo hacía prosperar en su mano.
4 Así halló José gracia en sus ojos, y le servía; y él le hizo mayordomo de su casa y entregó en su poder todo lo que tenía.
5 Y aconteció que desde cuando le dio el encargo de su casa y de todo lo que tenía, Jehová bendijo la casa del egipcio a causa de José...
6 Y dejó todo lo que tenía en mano de José...
19 Y sucedió que cuando oyó el amo de José las palabras que su mujer le hablaba, diciendo: Así me ha tratado tu siervo, se encendió su furor.
20 Y tomó su amo a José, y lo puso en la cárcel, donde estaban los presos del rey, y estuvo allí en la cárcel.
21 Pero Jehová estaba con José y le extendió su misericordia, y le dio gracia en los ojos del jefe de la cárcel.
41: 1 Aconteció que pasados dos años tuvo Faraón un sueño.
14 Entonces Faraón envió y llamó a José. Y lo sacaron apresuradamente de la cárcel, y se afeitó, y mudó sus vestidos, y vino a Faraón.
15 Y dijo Faraón a José: Yo he tenido un sueño, y no hay quien lo interprete; mas he oído decir de ti, que oyes sueños para interpretarlos.
16 Respondió José a Faraón, diciendo: No está en mí; Dios será el que dé respuesta propicia a Faraón.

Senda de Vida/Mamani
©2009 Todos los derechos reservados ITEM 15004
No se permite fotocopiar sin permiso de los editores

•15

Datos sobre el pasaje bíblico

Las reacciones de José ante la presión y el infortunio fueron muy distintas a las manifestadas por sus hermanos cuando tuvieron que afrontar situaciones difíciles.

Su nuevo amo era un egipcio llamado Potifar. Este era el capitán de los verdugos, un alto funcionario de Faraón. Tenía a su cargo la supervisión de los guardianes de las prisiones de Egipto. Potifar pronto se dio cuenta de las cualidades poco comunes de su nuevo esclavo, y fue confiándole más y más tareas en su palacio. Potifar reaccionaba con benevolencia y favor hacia José, y lo elevó a un servicio más personal en los asuntos del palacio, y Jehová bendijo la casa del egipcio. Por otra parte, la mujer de su amo era impulsiva, y cuando su esposo estaba ausente procuraba atraer a José, pero este resistió su invitación. Ella, por despecho, lo acusó falsamente, por lo que fue encarcelado.

El caso de José parecía desesperado hasta que, pasados dos años, tuvo Faraón un sueño que desafió los poderes de interpretación de los mejores adivinos de Egipto. Entonces enviaron a buscar a José, quien reconoció que no era él, sino el Dios del cielo, que respondía y enviaría la interpretación a Faraón.

¡Es tiempo de empezar!

Dé la bienvenida a todos los niños. Invite a sus alumnos a darle adoración y alabanza a Dios; recuérdeles lo importante que es rendir nuestra vida ante su presencia. No subestime la capacidad espiritual de sus alumnos, y déles libertad para que adoren.

Historia bíblica

(Adapte la historia de acuerdo a la edad de sus alumnos. Recomendamos utilizar un lenguaje sencillo para los *Mensajeros*.)

Los mercaderes que habían comprado a José lo vendieron en Egipto. Estos a su vez vendieron a José a un hombre muy importante llamado Potifar, uno de los oficiales de Faraón, el rey de Egipto. Aunque José estaba solo, lejos de su familia y en un lugar extraño, confiaba en Dios, y cada día oraba para poder servirle y serle fiel a pesar de las dificultades.

José trabajaba cada día con esmero en la casa de Potifar, su amo, el cual estaba muy contento con su trabajo. Si le decía: —"José limpia la casa"—, él obedecía de inmediato; si le pedían que diera de comer a los animales, corría a hacerlo; si lo mandaban a traer algo de otro lugar varias veces, lo hacía sin quejarse. Potifar observaba que el joven, a diferencia de los otros, le obedecía sin reclamar, y lo más importante era que lo hacía bien. Fue por eso que Potifar le dio una gran responsabilidad: lo puso a cargo de toda su casa. La esposa de Potifar también admiraba a José y todos los días lo perseguía para seducirlo, pero él se mantenía fiel a Dios y no cedió a la tentación. Un día ella estaba tan enojada con José por no complacer sus caprichos, que fue ante su esposo y decidió acusarlo falsamente. Potifar se enfureció y envió a José a la cárcel injustamente.

José volvió a enfrentar dificultades, pero allí también fue fiel a Dios y Él lo bendijo, por lo que se ganó el aprecio de todos los que estaban allí.

Los años pasaron y un día, Faraón el rey de Egipto tuvo dos sueños y quería saber lo que significaban, pero nadie en su palacio se lo podía descifrar. Entonces su copero le dijo:

—"Mi señor, cuando el panadero y yo estábamos en prisión, tuvimos unos sueños que un joven hebreo nos interpretó y sucedió como él nos dijo", y le sugirió que tal vez José podía ayudarlo.

Faraón mandó a llamar a José, y lo sacaron apresuradamente de la cárcel.

(*Muestre la escena de José cuando es sacado de la cárcel.*)

Cuando estuvo frente al rey este le dijo a José: —Yo he tenido un sueño, y no hay quién lo interprete; pero he oído decir, que oyes sueños para interpretarlos.

José le respondió: — No está en mí la respuesta, es Dios quien me la debe mostrar.

José entonces se dispuso a escuchar el sueño de Faraón.

Aplicación

No parecía fácil para José superar las pruebas que estaba pasando; lo único que lo mantenía en pie era saber que Dios estaba con él. A pesar de las luchas y dificultades, José aprendió a confiar y a esperar en Dios, sabiendo que Él nunca lo iba a abandonar. Por las enseñanzas de su padre, conocía que Dios era fiel a sus promesas. El amor a Dios le permitía servir y obedecer a un extraño sin enojarse. Su actitud siempre fue de servicio y disposición. La fidelidad de José a Dios en medio de circunstancias difíciles son un ejemplo para que también nos mantengamos fieles y dispuestos para servir al Señor y a los demás.

Dinámica para el repaso

"Pozos sorpresas". Antes de la clase, prepare unos vasitos desechables que serán usados como "pocitos" (recordando la cisterna donde echaron a José). Escriba en papelitos las preguntas. Coloque dentro de los "pocitos" una galleta, un muñequito plástico (que representará a José), papel picado y en algunos, una pregunta. Muestre los pocitos y explique: "La cisterna o pozo no fue un lugar totalmente malo para José, ya que por haberlo echado allí se salvó de la muerte. La pregunta que está dentro de cada pocito representa los retos que José tendría que enfrentar antes de recibir las bendiciones (la galleta ejemplifica la bendición). Pida a los niños que se levanten de sus sillas por turno y tomen un "pocito". Para terminar lea las preguntas y el que las sepa las responde.

1. ¿Cómo se llamaba el hombre que compró a José? *Potifar.*

2. Aunque José estaba sin su familia, ¿en quién confiaba? *En Dios.*
3. Por su buen trabajo, ¿qué hizo Potifar con José? *Lo puso a cargo de toda su casa.*
4. Por una acusación injusta, ¿qué le hicieron a José? *Lo llevaron a la cárcel.*

Ejercicio del libro
Dirija a los niños para que hagan una fila para recibir los libros (o las hojas que previamente desprendió del libro). Explique la actividad de manera que todos entiendan.

Actividades específicas para cada edad

Conquistadores
Actividad introductoria. Divida la clase en dos grupos. Explique que cada uno hará un cartel grande en el que dibujarán los hechos sobresalientes de la lección 2 o la 3 (designe un estudio para cada equipo). Entregue a cada grupo cartulina y marcadores. Al terminar, uno o dos representantes de cada equipo deben mostrarlo y explicarlo frente a los demás. Después de la participación de los grupos comente: "Es difícil creer que Dios está en control de nuestra vida, cuando todo a nuestro derredor sale mal pero es necesario que creamos que aunque las cosas sean adversas Dios tiene cuidado de nosotros. En las clases anteriores estudiamos las diferentes adversidades por las cuales tuvo que pasar José. Pero todavía tenía que enfrentar pruebas más fuertes".

Para narrar la historia de forma diferente: saque una copia de la historia y entréguela a los niños para que la lean por grupo. Luego pídales que ellos los se la cuenten a su grupo con sus palabras. Todos pueden participar para enriquecer la narración.

Versículo para memorizar. "Si Dios es por nosotros, ¿quién contra nosotros?" (Romanos 8:31). Dirija una carrera de relevo. Organice dos filas: una de niños y otra de niñas. Cuando usted dé la orden, el primero(a) de cada fila debe escribir la primera palabra en el pizarrón. Este se devuelve corriendo y le entrega la tiza al siguiente compañero para que escriba la próxima palabra del versículo. Continúe con la misma dinámica hasta terminar de escribir el versículo. Repita las veces que sea necesario hasta que considere que todos lo saben. (Para otras dinámicas de memorización, consulte el libro *Fácil y divertido, Cómo Memorizar Versículos*, de la serie Secretos para Enseñar de Senda de Vida.)

Trabajo opcional. Diga a los niños que hoy prepararán una merienda similar a la que José comía en Egipto: sandía con jengibre. Comente que la sandía crecía cerca del río Nilo, y que el jengibre era una especie cara y poco común que se traía de países lejanos a Egipto. Necesitará: ½ sandía, 1 taza de agua, ½ taza de jugo de uva, una cucharadita de miel, jarabe de jengibre y una cucharita para sacar bolitas de la sandía. Unos niños sacarán las bolitas de la sandía con la cuchara especial y la colocarán en el recipiente hondo; otros mezclarán en un recipiente diferente el agua, la miel y el jugo de uva, luego lo echarán sobre la fruta y lo revolverán. Sírvalo en vasitos.

Vencedores
Actividad introductoria. Prepare un escenario de títeres para que repase la clase anterior presentándola como una noticia. Ensaye con anticipación "las noticias de los últimos acontecimientos de la vida de José" (que serán los hechos de la clase anterior). (Use al títere para que los presente.) Un ejemplo de lo que podría decir sería: "¡Atención! ¡Atención!, se nos ha informado que José el hijo de Jacob fue devorado por unas bestias salvajes. ¡Sí!, así como lo oyen: unas bestias salvajes lo devoraron. Otra versión dice que está vivo y que sus hermanos lo vendieron como esclavo…" Para concluir puede decir algo cómo: "Pongamos mucha atención porque hoy sabremos qué sucedió realmente con José".

Versículo para memorizar. "Si Dios es por nosotros, ¿quién contra nosotros?" (Romanos 8:31). Escriba en tiras de cartulina color rojo las palabras del versículo, incluyendo la cita y, con anticipación, péguelas en distintas partes del aula (trate que queden como escondidas). Lea el versículo dos veces y pida a los niños que busquen las palabras que están escondidas en el aula. Los niños que encuentren las palabras pasarán frente a la pizarra y con la ayuda de todos, organizaran el versículo en el orden correcto. Después todos lo leerán hasta memorizarlo. (Para otras dinámicas de memorización, consulte el libro *Fácil y divertido, Cómo Memorizar Versículos,* de la serie *Secretos para Enseñar* de Senda de Vida.)

Trabajo opcional. Guíelos en el juego "¿Quién falta?". Pida a los niños que se sienten en círculo. Todos cerrarán los ojos. Toque a un niño para que silenciosamente se retire del salón. Después diga: "Jacob tenía doce hijos pero faltaba uno, ¿quién era?". Entonces los demás abrirán sus ojos, observarán alrededor y dirán quién falta, diciendo su nombre y describiéndolo. Concluya diciendo que aunque José creció solo y sufrió mucho la ausencia de su familia, Dios estuvo siempre con Él.

Mensajeros

Actividad introductoria. Los niños representarán algunas labores de la casa. Lleve a la clase escobas, paños de limpiar, un recipiente con agua, platos plásticos, etc. Muestre los elementos y explique a los niños que ellos van a representar las diferentes tareas que se realizan en una casa. Designe a cada uno el oficio que representarán como barrer, sacudir, acomodar las sillas, lavar y secar platos, recoger la basura, etc. Al terminar, agradézcales su colaboración y pregunte: "¿Cómo responden cuando están mirando la televisión o jugando y su mamá los manda a botar la basura o hacer otra cosa? ¿Lo hacen con gusto o se enojan porque se van a peder el juego o el programa? ¿Cuándo están enojados hacen las cosas con el mismo amor que cuando no lo están? Hoy seguiremos hablando de José y de lo dispuesto que era cuando lo mandaban a hacer algo".

Versículo para memorizar. "Dios es por nosotros" (Romanos 8:31). Lleve a la clase un títere. Explique el texto, haciendo énfasis en que las palabras *por nosotros,* significa que está a nuestro favor, de nuestro lado. Primero haga que los niños repitan el versículo después que lo diga el títere. Luego, que lo digan todos y después individualmente. (Para otras dinámicas de memorización, consulte el libro *Fácil y divertido, Cómo Memorizar Versículos,* de la serie *Secretos para Enseñar* de Senda de Vida.)

Trabajo opcional. Tenga listo para cada niño, una hoja con dibujos de personajes que desempeñan diferentes oficios o labores (policía, médico, cocinero, ejecutivo, etc.). Aparte tenga recortados dibujos de los instrumentos de trabajo. Por ejemplo si es un chofer tenga la figura de un carro, para un ejecutivo un maletín, para una secretaria una computadora, etc. Entregue las hojas con los oficios y pida que al lado peguen el instrumento que los representa. Luego permítales hablar de la importancia de que cada persona haga bien su trabajo para que la comunidad funcione correctamente. Luego, hable de las labores que ellos realizan en su casa y la importancia de obedecer y hacerlas bien.

Clausura

Recuerde a los niños que lleguen temprano la siguiente semana. Dígales que les contará otra emocionante historia de José. Dé por finalizada la clase invitando a los niños a una merienda.

Ayudas visuales

Recorte y pegue la figura en una cartulina y luego tápela con un papel. Descubra la escena sólo en el momento que está indicado en la historia bíblica.

Unidad I: Personajes ejemplares de la Biblia

5 Premiado por su fidelidad

Base bíblica
Génesis 41

Versículo para memorizar
Para Conquistadores y Vencedores: "Y sabemos que a los que aman a Dios, todas las cosas les ayudan a bien" (Romanos 8:28).
Mensajeros: "Dios me ha dado mi recompensa" (Génesis 30:18).

Verdad central
Dios nos recompensa cuando somos fieles a Él.

Objetivos
Mediante este estudio el alumno podrán:
1. Explicar de qué manera Dios recompensó a José.
2. Aceptar que todo lo que le sucede es porque Dios lo permite.
3. Comprometerse a ser fiel a Dios a pesar de cualquier situación.

Materiales
Conquistadores: Biblia, libro del alumno, libro de figuras, cartulina, lápices, tijeras, cinta adhesiva, palomitas de maíz y pequeños obsequios.
Vencedores: Biblia, libro del alumno, libro de figuras, cartulina, marcadores, papel lustroso, un pañuelo, hojas de papel, platos de cartón, felpa, palillos, adhesivos, franela y palomitas de maíz.
Mensajeros: Biblia, libro del alumno, libro de figuras, caritas felices, cartulina, palomitas de maíz, vasitos y obsequios pequeños.

Lectura bíblica
Génesis 41:25 Entonces respondió José a Faraón: El sueño de Faraón es uno mismo; Dios ha mostrado a Faraón lo que va a hacer.
26 Las siete vacas hermosas siete años son; y las espigas hermosas son siete años: el sueño es uno mismo.
27 También las siete vacas flacas y feas que subían tras ellas, son siete años; y las siete espigas menudas y marchitas del viento solano, siete años serán de hambre.
28 Esto es lo que respondo a Faraón. Lo que Dios va a hacer, lo ha mostrado a Faraón.
29 He aquí vienen siete años de gran abundancia en toda la tierra de Egipto.
30 Y tras ellos seguirán siete años de hambre; y toda la abundancia será olvidada en la tierra de Egipto, y el hambre consumirá la tierra.
39 Y dijo Faraón a José: Pues que Dios te ha hecho saber todo esto, no hay entendido ni sabio como tú.
41 Dijo además Faraón a José: He aquí yo te he puesto sobre toda la tierra de Egipto.
42 Entonces Faraón quitó su anillo de su mano, y lo puso en la mano de José, y lo hizo vestir de ropas de lino finísimo, y puso un collar de oro en su cuello.
43 y lo hizo subir en su segundo carro, y pregonaron delante de él: ¡Doblad la rodilla!; y lo puso sobre toda la tierra de Egipto.
44 Y dijo Faraón a José: Yo soy Faraón; y sin ti ninguno alzará su mano ni su pie en toda la tierra de Egipto.

Datos sobre el pasaje bíblico

En una reunión de concilio, Faraón y sus siervos consideraron que la interpretación y consejos de José eran excelentes. Faraón lo señaló como el hombre en quien estaba el Espíritu de Dios y le informó a José la decisión tomada: él sería el que estaría al frente del plan de almacenaje. Él fue designado como el segundo al mando después del monarca, en poder y autoridad. Como símbolo de su nueva posición, Faraón le dio su anillo que tenía el sello de su autoridad. José llegó a Egipto cuando tenía 17 años y había residido allí durante 13 años. A pesar de ser bastante joven Dios le había dado la capacidad para saber exactamente lo que debía hacer. Durante los tiempos de cosecha abundante, almacenó todo el excedente de trigo en las ciudades de Egipto. Cuando llegaron los siete años de hambre, Egipto estaba preparado para la emergencia, con las bodegas llenas.

¡Es tiempo de empezar!

Haga un cartel de tamaño regular y escriba en grande la palabra "recompensa". Espere a los niños en el salón de clases con una actitud entusiasta. Dé la bienvenida según ingresan a la clase. Salude a cada uno, en especial a las visitas muestre alegría por su presencia. Inicie la adoración con cantos relacionados al tema de la lección. Dé gracias a Dios porque Él contesta las oraciones. Muestre la palabra del cartel y explique lo que significa "recompensa": premio, galardón, homenaje, distinción, gratificación, etc. Diga que esta es la palabra clave del día. Pida que se levanten en orden, y coloquen la ofrenda en el plato mientras cantan un coro especial para ello. Pida a un voluntario que dé gracias por las ofrendas.

Aplicación

El amor, la obediencia y la lealtad de José hacia Dios no cambiaron a pesar de las circunstancias vividas: fue echado en una cisterna, vendido como esclavo, puesto en prisión y olvidado por todos. Dios vio que José lo había honrado siempre y lo recompensó elevándolo casi a la categoría del rey. No sólo le dio sabiduría, fama y poder, sino que lo usó para ayudar a todo un pueblo a enfrentar el hambre que venía. Más adelante estudiaremos que también le dio la oportunidad de volver a ver a sus hermanos y al resto de su familia.

Historia bíblica

(Adapte la historia de acuerdo a la edad de sus alumnos. Recomendamos utilizar un lenguaje sencillo para los *Mensajeros*.)

Faraón dio la orden que sacaran a José de la cárcel para que le interpretara unos sueños que nadie había podido descifrar.

Después que José escuchó el sueño del rey, consultó a Dios. Cuando estuvo seguro de lo que significaba le dijo al Faraón:

—"Las siete vacas gordas y las siete espigas llenas significan siete años de abundancia. Las siete vacas flacas y las siete espigas pequeñas, representan siete años de hambre no habrá cosechas, por lo cual será necesario almacenar alimento para que el pueblo no pase hambre".

El faraón quedó convencido de las palabras de José y por eso se puso a pensar que necesitaba a alguien inteligente, organizado y con muchas otras cualidades. La vida de su pueblo dependía del alimento que se guardara para la época de escasez. De repente sonrió por lo que pensó:

—¡La persona indicada para este trabajo es José!¡Sí! Él es inteligente, maduro, sabio y responsable.

Faraón entonces mandó a sacar a José definitivamente de la prisión para que lo llevaran al palacio. —José, a partir de hoy serás el nuevo gobernador de Egipto y el segundo en poder y autoridad después de mí— le dijo el Faraón. A continuación, el rey mandó que vistieran a José con ropas reales. Además, le pusieron un fino collar de oro y le dieron un carro tirado por caballos, algo que sólo algunos podían tener. (*Muestre la escena de los siervos del rey vistiendo a José.*)

Pero eso no fue todo, el rey se quitó el anillo de su mano, y lo puso en la mano de José. Ese anillo era muy especial porque era el que se usaba para sellar las leyes del reino.

A partir de ese momento, cuando el rey salía, José lo acompañaba en un carro especial. ¡No había duda, José se había convertido en un hombre importante! Cuando él pasaba, los guardias se ponían firmes y lo saludaban. El sueño del Faraón se estaba cumpliendo, llegaron los años de abundancia y José hizo nuevos graneros, para guardar todo el alimento que necesitarían en los próximos años. Cuando llegaron los años de escasez, el hambre afectó no sólo a Egipto sino también a los países vecinos. La fama de que el gobernador de Egipto había guardado provisión llegó a oídos de los hermanos de José y fueron a ese lugar.

Dinámica para el repaso

Tenga listo para comer y entregar a cada niño vasitos con palomitas de maíz (maíz explotado). Escriba las preguntas en papelitos separados. Coloque dentro de algunos vasitos un papelito. Entregue los vasitos y aclare que tienen un papelito con una pregunta y los que lo encuentren deben responderla. Por cada respuesta correcta déles un aplauso.

1. ¿Qué posición le dio Faraón a José después que inter-

pretó sus sueños? *Gobernador de Egipto.*
2. ¿Qué obsequios le dio Faraón a José? *Un collar de oro, ropas reales, un carro con caballos y un anillo con un sello.*
3. ¿Cuál fue la clave del éxito en la vida de José? *Su fidelidad y obediencia a Dios.*

Ejercicio del libro
Entregue los libros a los alumnos (o las hojas) y explique claramente las instrucciones que corresponden a la clase. Dé la orden de iniciar y paséese por cada puesto para asegurarse que lo estén haciendo bien.

Actividades específicas para cada edad

Conquistadores

Actividad introductoria. Antes de la clase, escriba en papelitos diferentes preguntas o asignaciones como: "Diga por lo menos dos versículos de las clases anteriores". "Diga por lo menos dos títulos de los estudios anteriores". Escriba también muchas preguntas de las clases anteriores, etc. Coloque los papelitos dentro de una bolsa. Pida a los estudiantes que formen dos grupos. Cada grupo debe escoger dos representantes que serán los encargados de responder las preguntas, sin ayuda de sus compañeros (estos se deben cambiar en cada ronda para que todos participen). Cada grupo sacará su papel cuando le corresponda. Si contestan correctamente diga: "¡Muy bien, aquí tienen su recompensa!". (La recompensa será para todo el grupo.) Los premios pueden ser: calcomanías, caramelos, galletas, tarjetitas, lápices, aplausos, etc. Al terminar, reflexione acerca de la actividad formulando preguntas como estas: ¿Cuándo usamos la palabra "recompensa"? ¿Quiénes reciben recompensa? ¿Cuántas veces han recibido recompensas? Relacione esta actividad con el tema de la lección.

Versículo para memorizar. "Y sabemos que a los que aman a Dios, todas las cosas les ayudan a bien" (Romanos 8:28). Pida a los niños que se reúnan en grupo y que cada uno haga mímicas (pantomimas, gestos) para el versículo, mientras lo repiten. Luego los grupos representarán ante los demás sus movimientos. Repita las pantomimas de cada uno hasta que todos las aprendan y puedan decir el texto. (Para otras dinámicas de memorización, consulte el libro *Fácil y divertido, Cómo Memorizar Versículos,* de la serie *Secretos para Enseñar* de Senda de Vida.)

Trabajo opcional. Para hacer una pirámide necesitarán: cartulina, lápiz, tijeras y cinta adhesiva. Copie el molde de la pirámide que está en el dibujo (amplíelo). Si tienen muchos niños haga varios moldes. Pasos: trazar la pirámide en la cartulina. Recortarla por los bordes. Doblar por donde están las líneas pequeñas y por último pegarla. Pida que escriban en cada lado de la pirámide lo que Dios quiere que ellos personalmente obedezcan durante esa semana. Cada vez que obedezcan algo de lo que está escrito, pintarán ese lado con un color fuerte.

Pida a los niños que para la siguiente clase traigan una corta investigación acerca de su familia, procurando encontrar detalles curiosos que puedan compartir con sus compañeros.

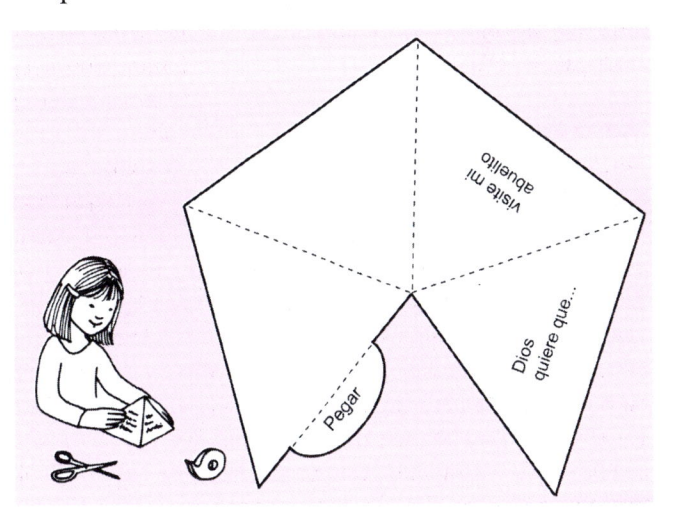

Vencedores

Actividad introductoria. Dirija el juego: "El pañuelo risueño". Pida a los niños que se sienten en el suelo formando un círculo. Explique que cuando tire el pañuelo para arriba todos deben reírse, y cuando el pañuelo caiga al suelo todos deben callarse. El que se ría cuando debe estar callado o viceversa, debe compensarlo con una acción (saltar en un solo pie, hacer cinco cuclillas, etc.). Haga que este sea un tiempo divertido para ellos. Pida que vuelvan a sus asientos y comente acerca de lo bueno que es reírse, pero que también hay momentos en que uno está triste. Haga un repaso de la clase anterior y concluya diciendo: "José vivió momentos tristes, pero ahora vamos a hablar de sus momentos felices".

Versículo para memorizar. "A los que aman a Dios, todas las cosas les ayudan a bien" (Romanos 8:28). Explique el significado del versículo. Dígales que hoy lo dirán cantado. (Enséñelo usando la música de feliz cumpleaños.)

Al final todos recitarán el versículo al unísono. (Para otras dinámicas de memorización, consulte el libro *Fácil y divertido, Cómo Memorizar Versículos,* de la serie *Secretos para Enseñar* de Senda de Vida.)

Trabajo opcional. Consiga dos platos de cartón para cada niño. Dibuje y recorte, en felpa o cartoncillo, las partes del rostro: ojos, cejas, nariz, boca (unos labios dibujados hacia arriba indicando alegría, y otros hacia abajo, figurando tristeza). Entregue a los niños los platos y una paletilla (como las que se usan para las paletas de helados). Los niños procederán a armar los rostros y a decorar cada plato; luego los pegarán en la palilla, unidos por la parte posterior de cada plato. Al final, agarrarán la palilla y cuando usted les pregunte: "¿Cómo estaba José cuando sus hermanos lo trataban mal?", los niños mostrarán el rostro triste, y al preguntar: "¿Cómo estaba José cuando llegó a ser el gobernador de Egipto?", ellos mostrarán el rostro alegre y así sucesivamente. Pueden llevar los trabajos a sus casas para que narren de la misma forma, lo que aprendieron en la clase.

Mensajeros

Actividad introductoria. Entregue a los estudiantes un cuadrado de cartulina y un lápiz. Explique que cada uno debe trazar en la cartulina el contorno de su mano. Luego, pida que la pinten con colores, la recorten y le peguen por detrás un palito de helado para que la puedan agarrar (entregue una carita feliz a los que vayan terminando). Pida que todos levanten las manitos que hicieron y diga: "Con nuestras manos hacemos muchas cosas, algunas pueden ser buenas, otras malas. Buenas, como ayudar, acariciar, construir, etc. (haga los gestos a medida que habla). Pero también podemos dañar, golpear o destruir. José fue un joven que usó sus manos para muchas cosas buenas: en su casa, ayudó a su padre a trabajar. En la casa de Potifar (su jefe): hizo todos los oficios que se le pidió. En Egipto, ayudó a Faraón a construir graneros para almacenar comida y también las usó para recibir el premio de Dios por medio de Faraón. Utilizó sus manos para demostrar perdón y abrazar a sus hermanos. José no usó sus manos para dañar o destruir a alguien".

Versículo para memorizar. "Dios me ha dado mi recompensa" (Génesis 30:18). Diga el versículo haciendo mímicas en cada palabra: *Dios*: señale arriba; *me*: se señala usted, *ha dado*: hacen con las manos como si recibiera; *mi recompensa*: hacen con las manos como una caja. Repita las mímicas varias veces y que los niños lo imiten. Termine cuando considere que todos lo aprendieron. Pregúntelo individualmente y cada vez que alguien lo diga bien, entréguele una carita. (Para otras dinámicas de memorización, consulte el libro *Fácil y divertido, Cómo Memorizar Versículos,* de la serie *Secretos para Enseñar* de Senda de Vida.)

Trabajo opcional. ¡Llegó el momento de los premios! Consiga con anticipación algunos detallitos para regalar, como: juguetitos, caramelos, calcomanías, lápices, libros de pintar o de cuentos, etc. Premie a los niños según el número de caritas que tengan. Diga a los niños: "José actuó correctamente durante toda su vida pero nunca recibió recompensa hasta el día que Dios lo consideró. Aunque Dios nos bendice aquí en la tierra, un día nos recompensará en el cielo según haya sido nuestro comportamiento". Proceda a entregar los premios (uno por cada carita).

Clausura

Invítelos a merendar, sirviéndoles un refresco y unas galletas. Recuérdeles asistir la próxima semana y dígales que estaremos comenzando con un nuevo tema.

Ayudas visuales

Recorte las figuras y muéstrelas en un franelógrafo. Para que se sostengan con facilidad en la franela, coloque en la parte de atrás de cada figura un trocito de adhesivo.

SERMONES ILUSTRADOS PARA NIÑOS

Es un libro que contiene enseñanzas ilustradas con objetos, manualidades y diversas actividades rápidas y sencillas para que aprendan conceptos acerca de Dios y de la vida cristiana.

Unidad I: Personajes ejemplares de la Biblia

6 José se reúne con su familia

Base bíblica
Génesis 42:1-3; 45:1-4; 46:1-7, 28,29

Versículo para memorizar
Para Conquistadores y Vencedores: "Dios hace habitar en familia a los desamparados" (Salmo 68:6).
Para Mensajeros: "Dios hace habitar en familia" (Salmo 68:6).

Verdad central
La bendición de tener un hogar proviene de Dios.

Objetivos
Con este estudio los alumnos podrán:
1. Describir cómo reunió Dios a la familia de José.
2. Disfrutar de la bendición de tener un hogar.
3. Agradecer a Dios por darles una familia.

Materiales
Conquistadores: Biblia, libro del alumno, libro de figuras, versículo para memorizar escrito en tiras de papel, sobres, papel y lápices.
Vencedores: Biblia, libro del alumno, libro de figuras, papel, lápices, témperas y toallas.
Mensajeros: Biblia, libro del alumno, libro de figuras, hojas de papel, plastilina y lápices.

Lectura bíblica

Génesis 42:1 Viendo Jacob que en Egipto había alimentos, dijo a sus hijos: ¿Por qué os estáis mirando?
2 Y dijo: He aquí, yo he oído que hay víveres en Egipto; descended allá, y comprad de allí para nosotros, para que podamos vivir, y no muramos.
3 Y descendieron los diez hermanos de José a comprar trigo en Egipto.
45:1 No podía ya José contenerse delante de todos los que estaban al lado suyo, y clamó: Haced salir de mi presencia a todos. Y no quedó nadie con él, al darse a conocer José a sus hermanos.
2 Entonces se dio a llorar a gritos; y oyeron los egipcios, y oyó también la casa de Faraón.
3 Y dijo José a sus hermanos: Yo soy José; ¿vive aún mi padre? Y sus hermanos no pudieron responderle, porque estaban turbados delante de él.
4 Entonces dijo José a sus hermanos: Acercaos ahora a mí. Y ellos se acercaron. Y él dijo: Yo soy José vuestro hermano, el que vendisteis para Egipto.
46:1 Salió Israel con todo lo que tenía, y vino a Beerseba, y ofreció sacrificios al Dios de su padre Isaac.
2 Y habló Dios a Israel en visiones de noche, y dijo: Jacob, Jacob. […]
3 Y dijo: Yo soy Dios, el Dios de tu padre; no temas de descender a Egipto, porque allí yo haré de ti una gran nación.
28 Y envió Jacob a Judá delante de sí a José, para que le viniese a ver en Gosén; y llegaron a la tierra de Gosén.
29 Y José unció su carro y vino a recibir a Israel su padre en Gosén; y se manifestó a él, y se echó sobre su cuello, y lloró sobre su cuello largamente.

Datos sobre el pasaje bíblico

La sequía se extendió más allá de Egipto, a Palestina y otros países vecinos. La sequía obligó a la familia de Jacob a comprar grano en el exterior y el único lugar donde había excedente era en Egipto. José sorprendió a sus hermanos al revelarles que el hombre de autoridad que estaba frente a ellos era él que habían vendido hace muchos años. Esto llenó de gozo a un padre herido por el dolor, que oyó maravillado que el muchacho a quien creía muerto, estaba vivo. Su primera bendición especial fue para los hijos de José y después bendijo a sus propios hijos. Jacob tenía 130 años cuando se dirigió a Egipto (47:9) y vivió todavía 17 años más, ya que murió a la edad de 147 años. Según la etiqueta egipcia, los pastores, porqueros y vaqueros eran relegados, porque se consideraba que el cuidado de los animales era incompatible con el nivel de refinamiento y propiedad que exigían los egipcios. Es posible, debido a esto, que José instalase a su familia en el país de Gosén, en el delta del río Nilo. Allí los hebreos estaban alejados de los egipcios. José es, tipológicamente, una notable profecía del Señor Jesucristo: rechazado por sus hermanos, el pueblo judío, que será finalmente restaurado por el Señor.

¡Es tiempo de empezar!

Salude con entusiasmo a los alumnos a medida que van llegando. Pregúnteles por sus familias y cómo les va en la escuela. Expréseles lo agradable que es verlos en la clase bíblica. Brinde una cordial bienvenida a los visitantes. Dirija cantos conocidos por todos. Pídales que se formen en parejas y que cada uno comparta una petición de oración o acción de gracia con su compañero y luego oren unos por otros. Luego anímelos a presentar su ofrenda ante Dios con alegría y mientras entonan un canto.

Aplicación

José había pasado muchos años lejos de su familia, pero no olvidaba los cuidados y cariño de su padre. Por eso envió por él, para que vivieran juntos y felices. Dios nos ha bendecido al darnos una familia. Dios escogió a tus padres y a tu familia para que cuiden de ti. Si tu familia está separada porque algunos de ellos se encuentran lejos, o si tus padres están divorciados o

Historia bíblica

(*Adapte la historia de acuerdo a la edad de sus alumnos. Recomendamos utilizar un lenguaje sencillo para los Mensajeros.*)
Hace muchos años vivió un hombre llamado Jacob. Él tenía varios hijos, pero uno de ellos —José— se vio obligado a vivir lejos en un país llamado Egipto, pero él pensaba que había muerto. En una ocasión, la gente del país donde vivía Jacob comenzó a sentir hambre porque no había que comer. Jacob escuchó que en Egipto había alimentos y mandó a sus hijos a comprarlo. Los hermanos de José se presentaron ante el gobernador de Egipto (que era José) y le rogaron que les vendiera granos. Cuando José los vio, los reconoció de inmediato pero no les dijo nada, porque quiso asegurarse que ellos habían cambiado.

Después de comprobar que los sentimientos de sus hermanos habían cambiado, se descubrió ante ellos, los abrazó y con llanto en los ojos les dijo: —"Yo soy José el hermano que ustedes vendieron". (*Muestre la escena de José y sus hermanos.*) José los perdonó y no les tomó en cuenta lo que habían hecho en su contra, sino que les dijo que Dios había permitido todo, para que pudieran sobrevivir en esta época difícil. Después les preguntó: —"¿Cómo está papá?".

Cuando supo que estaba vivo, decidió reunirse con él y pidió a sus hermanos que fueran a buscarlo. José quería cuidar de su padre y de toda su familia pues todavía quedaban varios años de escasez.

Los hermanos de José regresaron a Canaán y le contaron a su padre lo sucedido y la invitación de José para ir a vivir a Egipto. Entonces Jacob les dijo que se prepararan para el viaje. Todos sus hijos, familias y ganados, emprendieron el largo viaje hacia Egipto.

Mientras iban por el camino Jacob construyó un altar de piedras; para agradecer a Dios, porque pronto volvería a ver a José. Durante la noche, Dios se le apareció en sueños a Jacob y le dijo: "Jacob, Yo Soy el Dios de tus padres. No temas ir a Egipto porque Yo estaré contigo". Jacob siguió su camino, confiado en que Dios estaría con él.

Cuando estaban cerca de Egipto, Jacob mandó a avisar a José, y este rápidamente tomó su carroza y salió a su encuentro.

José anhelaba tanto este momento que cuando vio a su padre, lo abrazó y lloró sobre su hombro por largo rato. Sus lágrimas eran de alegría, pues una vez más estaban reunidos como familia. José llevó a su padre y a sus hermanos a conocer a Faraón, quien les dio la bienvenida y les permitió vivir en Gosén, una tierra muy rica al lado del río Nilo.

quizás hayan fallecido, no te sientas triste porque tienes a Dios que suple la ausencia de cualquiera de ellos. Dios es tu Padre que te ama y quiere darte su amor. Cuando sientas que te falta tu padre, madre, hermano, etc., pídele al Señor que te abrace y Él te hará sentir su presencia y llenará tu vacío.

Dinámica para el repaso

Escriba las preguntas en papelitos y métalos en una bolsa. Los alumnos se tomarán de las manos y formarán un círculo. Un niño quedará por fuera y correrá alrededor. Al tocar a un compañero, ambos corren en sentido contrario. El que llegue primero al puesto saca una pregunta de la bolsita para que el otro (que debe quedar afuera) responda la pregunta.

1. ¿Cómo se llamaba el padre de José? *Jacob.*
2. ¿A dónde mandó Jacob a sus hijos a buscar alimentos? *A Egipto.*
3. ¿Qué hizo José cuando vio a su padre? *Lloró sobre su hombro.*

Ejercicio del libro

Entregue los libros a los alumnos. Lea y explique las instrucciones y asegúrese de que todos entienden. Permítales trabajar individual y ordenadamente. Cuando concluyan, discuta la actividad en grupo para beneficio de todos.

Actividades específicas para cada edad

Conquistadores:

Actividad introductoria. Muestre el cuadro de una familia y pregúnteles: "¿Cuántos hicieron la tarea de investigar acerca de sus familias?". (Esta tarea se dejó en la clase anterior.) Dé oportunidad para que ellos compartan acerca de sus investigaciones (árbol genealógico que indica quiénes son sus abuelos, bisabuelos, dónde viven o vivían y lo que hacen o hacían). Permita que todos participen explicando acerca del tema. Luego dígales que hoy les va a narrar la historia de la familia de José, cuando se reunió en Egipto.

Versículo para memorizar. "Dios hace habitar en familia a los desamparados; Saca a los cautivos a prosperidad" (Salmo 68:6). Escriba el versículo en tiras de papel y guárdelo en un sobre. Haga que todos lean el versículo y permítales compartir lo que entienden. Repita el versículo las veces que sea necesario, asegurándose de que todos lo hayan memorizado. Luego, divida la clase en dos grupos y entréguele un sobre a cada uno. Cuando usted dé la orden de iniciar, ellos deberán ordenar el versículo y el grupo que lo haga en el menor tiempo será el ganador. (Para otras dinámicas de memorización, consulte el libro *Fácil y divertido, Cómo Memorizar Versículos,* de la serie *Secretos para Enseñar* de Senda de Vida.)

Trabajo opcional. Reparta hojas y lápices a cada alumno. Pídales que elaboren su árbol genealógico, comenzando desde sus abuelos. Cuando terminen, investigue quién tiene la familia más numerosa y unida. Luego concluya diciendo: "Si alguno tiene algo en contra de un hermano, de su mamá o papá (quizás los abandonó, los trata mal o es muy fuerte en sus regaños, etc.) es momento de pedir perdón y dar gracias por ellos". Diríjalos en esa oración.

Vencedores

Actividad introductoria. Reparta hojas de papel y lápices de colores para que dibujen a sus familias haciendo o participando en diferentes actividades en la casa, en el parque o en el lugar favorito de ellos. Pregúnteles: "¿Qué actividades disfrutan en familia? ¿Qué les gusta de su familia? Cuando van a un lugar sin su familia, ¿la extrañan? ¿Se han separado de su familia alguna vez?". Después de escuchar sus comentarios diga que les va a narrar la historia de la familia de José cuando se reunió en Egipto.

Versículo para memorizar. "Dios hace habitar en familia a los desamparados" (Salmo 68:6). Permítales compartir lo que entienden del versículo o puede dar una breve explicación. Repita el versículo las veces que sea necesario, asegurándose de que todos lo han memorizado. (Para otras dinámicas de memorización, consulte el libro *Fácil y divertido, Cómo Memorizar Versículos,* de la serie *Secretos para Enseñar* de Senda de Vida.)

Trabajo opcional. Reparta a los niños hojas y lápices. Explique que cada uno debe dibujar la silueta de sus manos en la hoja. Arriba de las manos deben escribir en "Gracias Dios por mi familia" y en cada dedo el nombre de un miembro de su familia. Si lo desea, en vez de dibujar la silueta de las manos que pongan las huellas. En ese caso eche témpera en un recipiente y que ellos remojen sus manos allí y luego las pongan sobre sus hojas. Recuerde tener agua y toallas para limpiarlos.

Mensajeros

Actividad introductoria. Reparta hojas de papel y crayones. Pida a los niños que dibujen a sus familias. Mientras trabajan pregúnteles individualmente a quién están dibujando, cuántos son en su familia, qué actividades hacen con ellos, si aman a su familia, etc. Comente que tener una familia es algo que debe ser motivo de agradecimiento a Dios, ya que las personas que no la tienen sufren mucho. Recuérdeles la verdad central de la lección. Luego dígales que hoy les va a narrar la historia de una familia muy especial.

Versículo para memorizar. "Dios hace habitar en familia" (Salmo 68:6). Lleve el versículo escrito en un pliego de cartulina. Recuerde que para la edad de sus niños las ilustraciones son importantes. Repita el versículo las veces que sea necesario, asegurándose que todos lo aprendan. Luego, pregúntelo a varios alumnos y felicítelos por guardar la Palabra de Dios en sus corazones. (Para otras dinámicas de memorización, consulte el libro *Fácil y divertido, Cómo Memorizar Versículos,* de la serie *Secretos para Enseñar* de Senda de Vida.)

Trabajo opcional. Entregue un pedazo de plastilina a cada alumno y pídales que moldeen las figuras que les recuerdan la historia de hoy. Al terminar coloque las figuritas en una tabla y haga un breve resumen de la clase. Otra opción es que moldeen a los miembros de su familia y digan cómo se comportan cada uno de ellos. Permita que lleven su trabajo a casa.

Clausura

Recuérdeles la verdad central y dígales que nuestro hogar, es un regalo de Dios. Invítelos a regresar temprano la próxima semana y a traer visitas. Despídalos con una oración.

Ayudas visuales

Recorte la escena que corresponde a la lección de hoy. Muéstrela en el momento indicado mientras narra el estudio. Prepárese con anticipación todo lo necesario para la clase.

Unidad I: Personajes ejemplares de la Biblia

7 Dios le habla a Moisés

Base bíblica
Éxodo 2:23-25; 3:1-12; 4:2-10

Versículo para memorizar
"Jehová habla al hombre" (Deuteronomio 5:24b).

Verdad central
Dios nos habla a través de cosas simples y sencillas.

Objetivos
Al terminar la lección los alumnos podrán:
1. Relatar cómo Dios le habló a Moisés.
2. Creer que el Señor puede hablarles a través de diferentes medios.
3. Desarrollar el hábito de escuchar a Dios por medio de la Biblia, la predicación, la clase bíblica, la oración, etc.

Materiales
Conquistadores: Biblia, libro de figuras, libro del alumno, bolas de espuma seca, palillos ("dentales"), pegamento, escarcha, equipo de sonido, cartón, marcadores y merienda.

Vencedores: Biblia, libro del alumno, libro de figuras, libros para recortar, siluetas de arbolitos, tijeras, papel construcción, alambre de estambre y pegamento.

Mensajeros: Biblia, libro del alumno, libro de figuras, equipo de sonido, una rama, papel crepé, abanico, hojas de papel, perforadora y merienda.

Lectura bíblica
Éxodo 3:1 Apacentando Moisés las ovejas de Jetro su suegro, sacerdote de Madián, llevó las ovejas a través del desierto, y llegó hasta Horeb, monte de Dios.
2 Y se le apareció el Ángel de Jehová en una llama de fuego en medio de una zarza; y él miró, y vio que la zarza ardía en fuego, y la zarza no se consumía.
4 Viendo Jehová que él iba a ver, lo llamó Dios de en medio de la zarza, y dijo: ¡Moisés, Moisés! Y él respondió: Heme aquí.
5 Y dijo: No te acerques; quita tu calzado de tus pies, porque el lugar en que tú estás, tierra santa es.
7 Dijo luego Jehová: Bien he visto la aflicción de mi pueblo que está en Egipto, y he oído su clamor a causa de sus exactores; pues he conocido sus angustias,
8 y he descendido para librarlos de mano de los egipcios, y sacarlos de aquella tierra a una tierra buena y ancha, a tierra que fluye leche y miel, a los lugares del cananeo, del heteo, del amorreo, del ferezeo, del heveo y del jebuseo.
9 El clamor, pues, de los hijos de Israel ha venido delante de mí, y también he visto la opresión con que los egipcios los oprimen.
10 Ven, por tanto, ahora, y te enviaré a Faraón, para que saques de Egipto a mi pueblo, los hijos de Israel.
11 Entonces Moisés respondió a Dios: ¿Quién soy yo para que vaya a Faraón, y saque de Egipto a los hijos de Israel?
12 Y él respondió: Vé, porque yo estaré contigo; y esto te será por señal de que yo te he enviado: cuando hayas sacado de Egipto al pueblo, serviréis a Dios sobre este monte.

Datos sobre el pasaje bíblico

Durante el tiempo de permanencia de Moisés en Madián, Israel continuaba siendo oprimido en Egipto. Los gobernantes habían recurrido a someter al pueblo a una dura servidumbre, para mantenerlos en sujeción. La enseñanza de este pasaje es que Dios oye el clamor de su pueblo y ve su necesidad con tierna compasión. Parece que Horeb era el nombre de una cadena de montañas, mientras que Sinaí era un grupo más pequeño. La primera alusión bíblica que se hace a este monte es en esta referencia (Éxodo 3:12). El Ángel de Jehová es considerado regularmente por los eruditos como Jesucristo, aunque en el Nuevo Testamento no se hace ninguna referencia a él. *Y vio que la zarza ardía en fuego, y la zarza no se consumía;* esta era un emblema de pureza; la llama de fuego, en la Biblia, muy a menudo simboliza la presencia de Dios. *Quita tu calzado de tus pies,* era un indicativo de hacer a un lado todas las contaminaciones. *Bien he visto la aflicción de mi pueblo.* Dios sintió el sufrimiento del pueblo, tal vez había esperado muchos años; sin embargo, todo el tiempo estuvo solícito. Esto da seguridad de que Dios escucha atentamente los clamores de angustia. *Ven, por tanto, ahora, y te enviaré a Faraón.* Moisés fue designado para liberar al pueblo y dirigirlo fuera de la esclavitud.

¡Es tiempo de empezar!

Prepárese para recibir a los niños con mucho entusiasmo. Pase lista y recuérdeles que es importante la asistencia y puntualidad. Si tiene visitas, aprenda sus nombres y preséntelas a los otros niños. Dirija un canto de alabanza y motívelos a ofrendar como parte de la adoración a Dios. Ore pidiendo que el Señor les ayude a grabar en sus corazones la Palabra de Dios que estudiarán este día.

Aplicación

El Señor se reveló en el desierto en la soledad y desde un arbusto sin valor. Dios nos habla diariamente, pero a veces no lo escuchamos. ¿A cuántos les ha hablado Dios? Quizá ninguno ha escuchado la voz audible del Señor. Sin embargo, esto no quiere decir que no lo hace. Dios se comunica con nosotros por medio de su Palabra, por algún familiar, un amigo, un maestro, un pastor y hasta por sueños. Sólo tenemos que estar atentos y acercarnos a Él, como cuando Moisés se acercó a la zarza para mirar qué pasaba". (Dirija a los niños para que oren y le pidan a Dios que les enseñe a oír su voz.)

Dinámica para el repaso

Escriba varias preguntas en papelitos largos. Amarre los

Historia bíblica

(Adapte la historia de acuerdo a la edad de sus alumnos. Recomendamos utilizar un lenguaje sencillo para los *Mensajeros*.)

Moisés creció y fue educado en el palacio como príncipe por la hija del faraón. A pesar de esto, nunca ignoró, ni olvidó, que pertenecía al pueblo escogido por Dios que en esos momentos vivía como esclavo de los egipcios. Pero las cosas cambiaron para este príncipe y cuando fue adulto dejó el palacio y sus comodidades para vivir en tierra de Madián, donde formó un hogar. Moisés entonces se convirtió en pastor y cierto día, llevó las ovejas a través del desierto y llegó a un lugar llamado Horeb. Mientras Moisés estaba entretenido con sus ovejas, algo extraño ocurrió. Cerca de allí había una zarza que desde hacía mucho rato estaba en llamas. (Una zarza es un arbusto.)

Moisés notó que aunque aquella llama misteriosa ardía, el arbusto no se consumía. Aquello llamó tanto su atención, que de inmediato se acercó para ver por qué razón la zarza no se quemaba. Pero su sorpresa fue muy grande, cuando al acercarse escuchó una voz que le dijo: —¡Moisés, Moisés!

¡Qué maravilla! Era Dios quien le hablaba. Moisés, asombrado, respondió: —¡Heme aquí! Pero la voz le advirtió enseguida: —¡No te acerques! Quita el calzado de tus pies, porque el lugar en que estás, tierra santa es.

De inmediato Moisés se quitó las sandalias y se situó frente a la zarza. (*Muestre la escena de Moisés arrodillado frente a la zarza ardiendo.*) La voz desde la zarza le dijo: —"He visto la aflicción de mi pueblo y he oído su clamor y sus angustias, y estoy aquí para librarlos".

¡Qué alegría sintió Moisés al escuchar que Dios libertaría a los israelitas de la esclavitud! —"Ven, por tanto, ahora, y te enviaré a Faraón, para que saques de Egipto a mi pueblo". —Pero… ¿cómo haré eso —dijo Moisés a Dios— Yo no puedo. Moisés trató de evadir la orden que Dios le dio y presentó muchos obstáculos; uno de ellos fue: "Ellos no me creerán, ni oirán mi voz; dirán que no me ha aparecido Jehová". Como Moisés tenía una vara en su mano, Dios le dijo que la tirara en la tierra. —¿Saben lo que pasó?—. La vara se convirtió en culebra y Moisés le tenía miedo y huía; pero Dios le dijo: "Agárrala por la cola", y cuando la tomó se volvió nuevamente en sus manos una vara. Dios le dijo que mostrara eso al pueblo y creerían que Él le había hablado. Además, Dios le dio otras señales que mostraría a la gente su encuentro con Él.

Por último dijo Moisés: —¡Ay, Señor! No tengo facilidad de palabra; siempre he tenido dificultad para comunicarme, por favor envía a otro.

El Señor le dijo: —"Tu hermano Aarón habla bien. Él hablará por ti al pueblo, las cosas que yo te diga a ti". Con la orden que Dios le dio, Moisés salió con su esposa y sus hijos en dirección a Egipto. Dios hizo grandes maravillas a través de Moisés y con milagros portentosos sacó de la esclavitud al pueblo de Israel.

papelitos con cinta o enróllelos en una rama que representará la zarza. Coloque el arbolito en el centro del salón en el suelo y alrededor de este dibuje (en el piso) círculos con un yeso (uno por niño). Uno de los círculos debe ser de color o tamaño diferente a los demás. Pida a los pequeños que caminen pasándose de un círculo a otro mientras cantan una canción conocida. Cuando usted diga "zarza" todos se detienen y el que quedó en el círculo diferente, toma una pregunta del árbol. Si la responde correctamente pasa a dirigir el juego. Termine cuando se acaben las preguntas.

1. ¿Por qué Moisés se acercó a la zarza? *Para ver por qué ardía y no se quemaba.*
2. ¿Qué pasó cuando Moisés se acercó a la zarza? *Dios le habló.*
3. ¿De qué manera puede Dios hablarnos? *Cuando escuchamos las clases bíblicas, por medio del pastor, etc.*

Ejercicio del libro

Entregue los libros de trabajo o las hojas de la lección (recomendado para los pequeños) a cada niño, junto con los materiales necesarios para que desarrollen cada ejercicio. Explique el trabajo que van hacer y anímelos a completarlo satisfactoriamente.

Actividades específicas para cada edad

Conquistadores

Actividad introductoria. Con anticipación, pida a un miembro de su congregación que tenga una voz agradable y fuerte, que grabe los nombres de algunos niños de su clase. Que los mencione dos veces, como si los estuviera llamando. Oculte el equipo de sonido, con la grabación. Inicie una plática con los niños; permítales compartir sus experiencias cuando van de paseo. Pregúnteles: "¿Han estado solos en un algún lugar? ¿Qué sienten cuando hay completo silencio y de repente escuchan algo?". Dígales: "En este momento vamos a estar todos en silencio". (Encienda el equipo de sonido, asegurándose que tenga el volumen alto.) Observe la reacción del niño cuyo nombre sea mencionado. Apague el aparato y pida al niño que comparta sus impresiones. Diga que en la lección de hoy hablarán de un hombre al que le sucedió algo parecido, pero la voz provenía de una grabadora.

Versículo para memorizar. "Jehová habla al hombre" (Deuteronomio 5:24b). Haga para cada niño una tira de papel escrita con el versículo. Pida a los niños que lean el texto en voz alta y al mismo tiempo. Cuando alguno considere que sabe el versículo, que lo recite frente a los demás. Si lo dice correctamente puede pasar a la siguiente actividad.

(Para otras dinámicas de memorización, consulte el libro *Fácil y divertido, Cómo Memorizar Versículos,* de la serie *Secretos para Enseñar* de Senda de Vida.)

Trabajo opcional. Hoy los niños pueden hacer un arbusto con bolas térmicas (espuma seca, *styrofoam*). Necesitará: 15 bolas de diferentes tamaños, palillos finos de madera, pegamento, escarcha color rojo y amarillo y dos envases medianos. Pegue las bolas formando una pirámide y déjelas secar. Después eche la escarcha y el pegamento en envases diferentes. Tome cada palillo, introdúzcalo en el pegamento, luego en la escarcha e incrústelo en las bolas térmicas de manera que queden bien cubiertas. Seguidamente dé a los niños círculos pequeños de papel construcción (preferiblemente fosforescentes), y pídales que escriban los mandatos que Dios les ha dado. Dígales que así como Dios le habló a Moisés desde el arbusto (la zarza), ahora nos recuerda las cosas que nos ha mandado a hacer y que no debemos temer porque Él ha prometido que estará con nosotros.

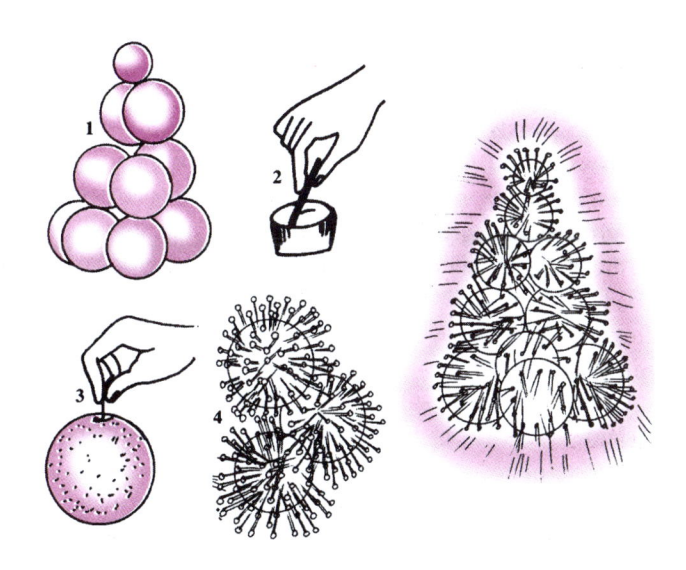

Vencedores

Actividad introductoria. Prepare con anticipación todo lo necesario para hacer una pequeña fogata. Puede hacerla encendiendo madera de verdad (en este caso al aire libre). Opciones: Usar una lámpara de aceite o baterías. Con ayuda de los niños, añada tiras de papel crepé (rojo, amarillo y naranja) a un arbolito o rama y coloque al lado un abanico (o ventilador) para que las tiras se levanten y parezcan fuego. Seleccione con mucha anticipación un lugar para encender la fogata; tome las precauciones debidas. Busque una persona que le ayude a tener todo listo. Lleve a los niños hacia la fogata, y una vez allí, pídales que se quiten los zapatos. Ubíquelos en un semicírculo alrededor de la llama. Permita que observen el fuego y pregunte: "¿Qué sentirían si al acercase a una llama escucharan una voz?". Deje que respondan, y luego comente: "En la clase de hoy veremos lo que le sucedió a un hombre cuando se acercó a una llama". (Inicie la narración.)

Versículo para memorizar. "Jehová habla al hombre" (Deuteronomio 5:24). Ilustre el versículo con recortes o dibujos que expresen su significado y péguelo en una cartulina. Lea el versículo directamente de la Biblia y explique la relación de los dibujos con el texto. Mientras observan la cartulina, que repitan el versículo varias veces hasta que lo memoricen. (Para otras dinámicas de memorización, consulte el libro *Fácil y divertido, Cómo Memorizar Versículos,* de la serie *Secretos para Enseñar* de Senda de Vida.)

Trabajo opcional. Use cartulina de dos o tres tonos para hacer siluetas de llamas para cada niño. Entregue las siluetas para que las pinten con colores a su gusto y los que sepan escribir que escriban por la parte de atrás el versículo. Al terminar, explique que los niños que tengan la silueta en cartulina de color azul (por ejemplo), deben decir de qué manera nos puede hablar Dios. Los que tengan la de color blanco, que digan cómo les ha hablado Dios, y los de verde comentarán qué deben hacer para que Dios les hable.

Mensajeros

Actividad introductoria. Con anticipación grabe la narración de la historia bíblica, use diferentes personas para hacer las voces. La voz de Dios la puede grabar un varón, incluya música y efectos especiales. Coloque arena en un pote y entierre allí una rama seca. Tenga cortadas tiras de papel crepé (rojo, amarillo y naranja). Pida a los niños que le ayuden a poner las tiras en la rama. Luego, coloque cerca un abanico o ventilador para que las tiras se levanten y parezcan fuego (esa será la "zarza ardiendo"). Diga a los niños: "hace mucho tiempo alguien le habló a un hombre desde un arbolito que ardía. Vamos a escuchar esta historia". (Coloque el equipo de sonido con la grabación junto a "la zarza ardiendo" y enciéndalo para que los niños escuchen la historia.)

Versículo para memorizar. "Jehová habla al hombre" (Deuteronomio 5:24b). Tenga en cuenta la edad de sus niños al enseñarles el texto. Si son muy pequeños no es necesario que memoricen la cita ya que la palabra "Deuteronomio" es muy difícil de pronunciar para ellos, también puede cambiar "Jehová" por "Dios". Lea el versículo directamente de la Biblia. Pida que lo repitan varias veces. Luego haga que lo digan así: se colocarán en parejas; por turno cada uno se lo dirá a su pareja. Cuando usted diga "cambio", deben cambiar las parejas y repetir lo mismo. (Para otras dinámicas de memorización, consulte el libro *Fácil y divertido, Cómo Memorizar Versículos,* de la serie *Secretos para Enseñar* de Senda de Vida.)

Trabajo opcional. Los niños harán una serpiente de papel. Necesitará, una tira de papel de 1"x18" (2.5 x 45 cm.) para cada niño, lápiz, pegamento, perforadora. Pida a los niños que le hagan diseños a la tira de papel con lápices de colores. Envuelva la tira de papel alrededor del lápiz. Desenvuelva y luego perfore los ojos y que le peguen un pedacito de papel para hacer la lengua.

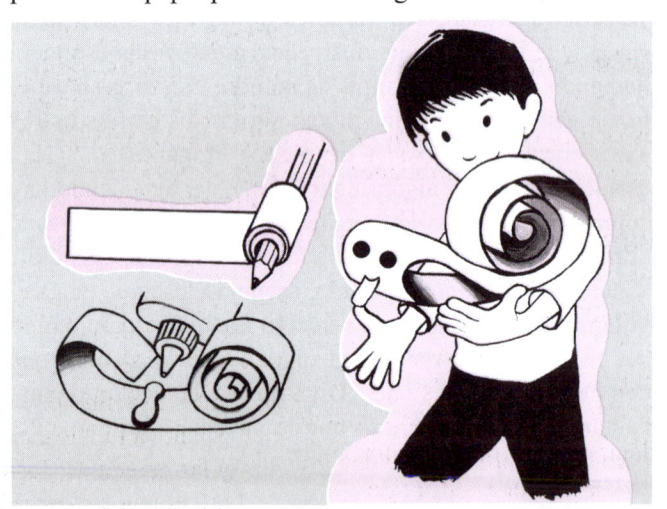

Clausura

Haga una oración de gratitud a Dios por hablarnos. Después, ofrezca una merienda. Mientras comen, motívelos a asistir la próxima clase y a traer invitados.

Ayudas visuales

Recorte debidamente la figura que corresponde a la lección y que se encuentra en el libro de figuras. Prepárese anticipadamente para lograr el buen desarrollo de la clase.

Serie
MANUALIDADES BÍBLICAS

Esta serie de libros de Manualidades Bíblicas pueden ser utilizados por los maestros como un recurso adicional para complementar sus clases o programas educacionales.

Unidad I: Personajes ejemplares de la Biblia

8 ¡Esfuérzate y anímate!

Base bíblica
Deuteronomio 31:1-23;
Josué 1:1-6

Versículo para memorizar
Para Conquistadores: "Mira que te mando que te esfuerces y seas valiente; no temas ni desmayes, porque Jehová tu Dios estará contigo en dondequiera que vayas" (Josué 1: 9).
Para Vencedores y Mensajeros: "Esfuérzate y sé valiente" (Josué 1:6).

Verdad central
Debemos obedecer y esforzarnos para cumplir con nuestras responsabilidades.

Objetivos
Al finalizar este estudio los alumnos podrán:
1. Saber que Dios quiere que hagan cosas grandes.
2. Considerar la importancia de dejarse guiar por el Señor.
3. Manifestar el deseo de esforzarse para hacer lo que les corresponde.

Materiales
Conquistadores: Biblia, libro de figuras, libro del alumno, cartulina, marcadores, elementos que se usan en el campo, un lazo, cinta adhesiva, franelógrafo y merienda.
Vencedores: Biblia, libro de figuras, libro del alumno, hojas de papel, lápices, cuadros de cartulina y refrigerio.
Mensajeros: Biblia, libro de figuras, libro del alumno, rompecabezas y cartulina o cartón.

Lectura bíblica
Deuteronomio 31:1 Fue Moisés y habló estas palabras a todo Israel,
2 y les dijo: Este día soy de edad de ciento veinte años; no puedo más salir ni entrar; además de esto Jehová me ha dicho: No pasarás este Jordán.
3 Jehová tu Dios, él pasa delante de ti; él destruirá a estas naciones delante de ti, y las heredarás; Josué será el que pasará delante de ti, como Jehová ha dicho.
6 Esforzaos y cobrad ánimo; no temáis, ni tengáis miedo de ellos, porque Jehová tu Dios es el que va contigo; no te dejará, ni te desamparará.
7 Y llamó Moisés a Josué, y le dijo en presencia de todo Israel: Esfuérzate y anímate; porque tú entrarás con este pueblo a la tierra que juró Jehová a sus padres que les daría, y tú se la harás heredar.
8 Y Jehová va delante de ti; él estará contigo, no te dejará, ni te desamparará; no temas ni te intimides.
14 Y Jehová dijo a Moisés: He aquí se ha acercado el día de tu muerte; llama a Josué, y esperad en el tabernáculo de reunión para que yo le dé el cargo. Fueron, pues, Moisés y Josué, y esperaron en el tabernáculo de reunión.
Josué 1:1 Aconteció después de la muerte de Moisés siervo de Jehová, que Jehová habló a Josué hijo de Nun, servidor de Moisés, diciendo:
2 Mi siervo Moisés ha muerto; ahora, pues, levántate y pasa este Jordán, tú y todo este pueblo, a la tierra que yo les doy a los hijos de Israel.
3 Yo os he entregado, como lo había dicho a Moisés, todo lugar que pisare la planta de vuestro pie.

Datos sobre el pasaje bíblico
Por dos razones Moisés no podía continuar con la conducción del pueblo de Israel

hacia la tierra prometida: 1) Por su edad vivió ciento veinte años divididos en tres períodos notables: a) Cuarenta años en Egipto, en la corte de Faraón; b) Cuarenta, en la tierra de Madián. c) Cuarenta años guiando a los israelitas bajo la dirección y autoridad de Dios.

2) Se le había prohibido el cruce por orden divina. Y Dios había nombrado como sucesor a Josué. *Esforzaos*, es decir, actuad como héroes, sed vigorosos. Moisés primero exhortó al pueblo, seguidamente a Josué (vv 6,7). Y escribió Moisés esta ley. Al no existir biblias ni otros libros, la gente tenía que confiar en el comunicado verbal y en la buena memoria. La memorización era una parte importante en la adoración, ya que si todos conocían la ley, la ignorancia no sería una excusa para quebrantarla. Esta responsabilidad de informar al pueblo, recaía en los sacerdotes y ancianos, es decir, en las autoridades religiosas y civiles. Las primeras palabras del libro de Josué muestran que es una continuación del anterior y están vinculadas con el relato del último capítulo de Deuteronomio. El tiempo a que se hace referencia debe haber sido al final de los treinta días de duelo por Moisés.

¡Es tiempo de empezar!

Antes de la clase, asegúrese de tener todos los materiales que usará. Si es posible arme una tienda de campaña al aire libre para que allí desarrolle parte de la clase. Si no tiene condiciones para hacerlo, ordene el salón de manera diferente. Dé a cada niño una bienvenida sincera y afectuosa y muestre interés en saber cómo están sus familias. Seguidamente entone cánticos conocidos para que todos participen. Coloque CD y videos para animar la alabanza. Pase lista y felicítelos por su asistencia a la clase bíblica.

Aplicación

Josué aceptó un gran desafío porque sabía que Dios estaría con Él ayudándolo. El Señor tiene tareas y responsabilidades para cada uno de nosotros y nos ayudará a llevarlas a cabo. Sólo que para tener éxito, debemos poner en práctica lo que hizo Josué: buscar a Dios, obedecer sus

Historia bíblica

(Adapte la historia de acuerdo a la edad de sus alumnos. Recomendamos utilizar un lenguaje sencillo para los *Mensajeros*.)

Ya habían transcurrido cuarenta años desde que Moisés sacó al pueblo de Israel de Egipto, liberándolo de la mano dura de Faraón. Durante todo ese tiempo había guiado al pueblo a través del desierto rumbo al lugar que Dios les había prometido. Ahora estaban cerca y habían acampado a la ribera del río Jordán. El pueblo tenía que cruzar ese inmenso río, pero no se preocupaba pues sabía que Dios estaba con su siervo Moisés y esperaba que Él hiciera algo extraordinario para ayudarlos. Pero Dios le había dicho a su siervo Moisés

—"No pasarás este Jordán". ¿Qué significaban para él estas palabras? ¿Acaso no entraría al lugar por el cual había realizado tanto esfuerzo? ¡No! No entraría; Dios tenía otros planes.

Los días de Moisés habían llegado a su final y otro ocuparía su lugar. Así que Dios le dijo: —"Josué será el que pasará delante de ti". Cada día Moisés animaba a Josué y lo preparaba para el gran trabajo que realizaría.

Un día, Moisés llamó a Josué, y en presencia del pueblo de Israel le dijo estas palabras:

—"Esfuérzate y anímate, porque tú entrarás con este pueblo a la tierra que juró Jehová a sus padres que les daría, y tú se la harás heredar. Y Jehová va delante de ti; él estará contigo, no te dejará, ni te desamparará; no temas, ni permitas que otros te causen miedo". (*Muestre la escena de Moisés hablándole a Josué delante de todo el pueblo.*)

Este suceso era muy importante para todos, por eso escuchaban con atención lo que decía Moisés.

Quizás unos lloraban mientras otros estaban sorprendidos o preocupados. Seguramente pensaban: "Las cosas no serán iguales; con Moisés hemos presenciado milagros portentosos y no sabemos lo que sucederá de ahora en adelante". Pero Josué había aprendido a oír la voz de Dios. Él era uno de los ayudantes fieles de Moisés y, si Dios lo había escogido, estaría con él como lo había prometido. Llegó el momento en que Moisés murió pero Dios siempre estuvo con él. Después, Jehová habló a Josué: —"Mi siervo Moisés ha muerto; ahora, levántate y pasa este Jordán, tú y todo el pueblo, a la tierra que yo les doy". Josué con alegría aceptó el enorme desafío. Estaba a punto de emprender grandes proezas. Su primer gran reto sería cruzar el río y llevar al pueblo a la Tierra Prometida. Para poder lograrlo debía continuar haciendo lo que hizo desde el principio: buscar a Dios y seguir las instrucciones que le dejó Moisés.

mandatos y esforzarnos. Pida a los niños que den ejemplos de tareas y responsabilidades que debemos cumplir para hacer lo que Dios nos ha pedido. Por ejemplo: dejar de ver la televisión por hacer una tarea de la escuela, levantarse temprano un domingo para ir a la iglesia, apartar dinero de la mesada para dar el diezmo, etc.

Dinámica para el repaso

Esta actividad la puede realizar en un lugar al aire libre. Escriba en tiras de papel varias preguntas relacionadas con la historia bíblica, enróllelas y colóquelas sobre las piedras (pegadas con cinta adhesiva). Seleccione un área para que diga a los niños que se imaginen que por allí pasa el río. Coloque alrededor las piedras con las preguntas. Divida la clase en grupos, y por turno, pídales que "crucen el río" (los más grandes pueden hacerlo saltando en una sola pierna, sin soltarse). Al momento de hacerlo, un integrante recogerá una piedra, leerá la pregunta que contiene (o usted se las leerá) y uno del grupo la responderá. Pasarán al otro lado solamente si contestan la pregunta.
1. ¿Quién ocuparía el lugar de Moisés? *Josué.*
2. ¿Qué palabras usó Moisés para animar a Josué? *Esfuérzate y anímate.*
3. ¿Por qué Josué aceptó el gran desafío? *Porque sabía que Dios estaría con él.*

Ejercicio del libro

Anime a los niños a trabajar en el libro del alumno (o en las hojas), revise con ellos las instrucciones. Dé un tiempo para que trabajen individualmente, y cuando todos hayan terminado, pida que compartan sus respuestas o muestren el ejercicio terminado.

Actividades específicas para cada edad

Conquistadores

Actividad introductoria. Necesitará un lazo largo. Forme dos grupos y entregue a cada uno, un extremo del lazo. Trace una raya en el piso que divida el territorio de cada equipo. Explique que cuando dé la señal, los integrantes de ambos equipos deben tirar de la cuerda para atraer al grupo contrario a su territorio. Observe el esfuerzo de los niños al hacer la actividad. Cuando terminen, felicite a los equipos por su trabajo. Pregúnteles: ¿qué hicieron para llevar al otro grupo hacia su territorio? Guíe la reflexión hacia la importancia de esforzarse para lograr algo. Después, pregunte qué significan las dos palabras claves de las que han estado hablando: esforzarse y ser valientes. Concluya diciendo que el estudio de hoy nos enseña que debemos esforzarnos y ser valientes.

Versículo para memorizar. "Mira que te mando que te esfuerces y seas valiente; no temas ni desmayes, porque Jehová tu Dios estará contigo en dondequiera que vayas" (Josué 1:9).
Escriba el versículo en distintas tiras de cartulina de un color específico y colóquelas en una bolsa (haga dos juegos). Antes de comenzar la clase esconda las dos bolsas en diferentes lugares del patio u otra área diferente al salón. Divida la clase en dos. Luego dígales que van a buscar algo escondido. Déles pistas según la ubicación o situación. Puede ser: "Es mediano", "es de color…", "esta cerca de...", etc. Cuando encuentren las bolsas, pídales que armen el texto y lo lean en voz alta. Luego, que un grupo se lo diga a otro como dando una orden. Seguidamente, explíquelo, induciéndolos a la comprensión y aplicación del mismo. (Para otras dinámicas de memorización, consulte el libro *Fácil y divertido, Cómo Memorizar Versículos,* de la serie *Secretos para Enseñar* de Senda de Vida.)

Trabajo opcional. Lleve diferentes opciones de proyectos que beneficien a otras personas, que crean que agradan a Dios y que los pueden realizar, por ejemplo: visitar un orfanato; visitas a niños en hospitales; llevar el mensaje de las Buenas Nuevas en un lugar público por medio de mimos, teatro, etc. Anímelos a esforzarse para llevar a cabo la idea, y que tengan la seguridad de que Dios está con ellos. Dígales que nuestro Dios es grande y se agrada cuando sus hijos piensan en grande. Si en su iglesia tienen algún proyecto, enrole a los niños a participar en él. Al terminar sirva una merienda.

Vencedores

Actividad introductoria. Entregue a cada niño una hoja de papel y un lápiz. Pídales que dibujen un paisaje. Explique que deben hacerlo en diez minutos (o menos dependiendo del tiempo que tenga). y que premiará a los tres mejores dibujos. Escoja a los ganadores por aplausos y explique que en realidad los está premiando porque se esforzaron por realizar un buen trabajo. Guíe la reflexión hacia la importancia de esforzarse para lograr algo. Después, pregunte qué significa "esforzarse y ser valiente". Concluya diciendo que el estudio de hoy nos enseña que debemos esforzarnos y ser valientes.

Versículo para memorizar. "Esfuérzate y sé valiente" (Josué 1:6). Ubique a los niños uno frente al otro. Dígales que elijan: uno de ellos será Josué y el otro Moisés. Al que le toque ser Moisés, debe decirle el versículo a Josué. Después intercambiarán los roles. (Para otras dinámicas de memorización, consulte el libro *Fácil y divertido, Cómo Memorizar Versículos,* de la serie *Secretos para Enseñar* de Senda de Vida.)

Trabajo opcional: Lleve diferentes opciones de proyectos que beneficien a otras personas, que crean que agradan a Dios y que los pueden realizar, por ejemplo: visitar un orfanato; visitas a niños en hospitales; llevar el mensaje de la Buenas Nuevas en un lugar público por medio de mimos, teatro, etc. Anímelos a esforzarse para llevar a cabo la idea, y que tengan la seguridad de que Dios está con ellos. Dígales que nuestro Dios es grande y se agrada cuando sus hijos piensan en grande. Si en su iglesia tienen algún proyecto, enrole a los niños a participar en él. Al terminar sirva una merienda.

Mensajeros

Actividad introductoria. Consiga rompecabezas sencillos apropiados para la edad de sus niños. Reparta los rompecabezas y pida que los armen. Si los niños dicen que no los pueden armar, anímelos diciéndoles que sí pueden, pero que deben esforzarse. Explique que esforzarse es tratar de hacer bien las cosas hasta lograrlas. Felicite a los niños que armaron su rompecabezas. Después, dialogue con ellos sobre el significado de la palabra "valiente". Pregunte si ellos conocen a alguna persona que sea valiente. (Por lo general pondrán a sus papás de ejemplo, aproveche para que les afirme la confianza y seguridad que sus padres les dan.) Una persona es valiente cuando a pesar del miedo enfrenta algo difícil o peligroso. En la historia de hoy aprenderemos de un joven al que Dios le dijo: "Esfuérzate y sé valiente". Escuchen con mucha atención.

Versículo para memorizar. "Esfuérzate y sé valiente" (Josué 1:6). Ponga a los niños en parejas, frente a frente. Pídales que elijan quién será Moisés y quién será Josué. Dígales que el que haga de Moisés le debe decir al otro el versículo. Luego se intercambian los papeles. (Para otras dinámicas de memorización, consulte el libro *Fácil y divertido, Cómo Memorizar Versículos,* de la serie *Secretos para Enseñar* de Senda de Vida.)

Trabajo opcional. Pida a los niños que piensen en un deber o responsabilidad que tengan en su casa, escuela o en el templo. Cuando alguien mencione un deber, usted represente la acción y pida a los niños que lo imiten. Por ejemplo "bañarse"; haga la acción como si se estuviera bañando. Explique que esos deberes son cosas que no debemos dejar de hacer. Recuérdeles que Josué se esforzó, cumplió con sus deberes y por eso alcanzó el éxito. Al terminar sirva una merienda.

Clausura

Ore por ellos, diríjalos en un canto de alabanza a Dios. Recuérdeles que inviten a otras personas a la clase para la siguiente semana, y anímelos a contarles a sus padres la enseñanza de hoy.

Ayudas visuales

Recorte la escena y péguelas en cuadros de cartulina de diferentes colores. Practique la manera en que narrará la historia a los niños.

9 Una amistad ejemplar

Unidad I: Personajes ejemplares de la Biblia

Base bíblica
1 Samuel 17:37, 57, 58; 18:1-4; 20:1-8

Versículo para memorizar
Para Conquistadores: "En todo tiempo ama el amigo, Y es como un hermano en tiempo de angustia" (Proverbios 17:17.)
Para Vencedores y Mensajeros: "En todo tiempo ama el amigo" (Proverbios 17:17).

Verdad central
Una amistad es duradera cuando se basa en el amor de Dios.

Objetivos
Al finalizar este estudio los estudiantes podrán:
1. Saber lo que dice la Biblia acerca de la amistad.
2. Considerar la importancia de cuidar una buena amistad.
3. Mostrar con acciones las características de un buen amigo.

Materiales
Conquistadores: Biblia, libro de figuras, libro del alumno, papel construcción, marcadores, hojas de papel, lápices y calcomanías.
Vencedores: Biblia, libro de figuras, libro del alumno, papel construcción, latas pequeñas, botones, lentejuelas, cartulina y calcomanías.
Mensajeros: Biblia, libro de figuras, libro del alumno, cartulina, papel construcción, cinta adhesiva, lápices o palitos de madera, galletas y refrescos.

Lectura bíblica
1 Samuel 18:1 Aconteció que cuando él hubo acabado de hablar con Saúl, el alma de Jonatán quedó ligada con la de David, y lo amó Jonatán como a sí mismo.
2 Y Saúl le tomó aquel día, y no le dejó volver a casa de su padre.
3 E hicieron pacto Jonatán y David, porque él le amaba como a sí mismo.
4 Y Jonatán se quitó el manto que llevaba, y se lo dio a David, y otras ropas suyas, hasta su espada, su arco y su talabarte.
20:1 Después David huyó de Naiot en Ramá, y vino delante de Jonatán, y dijo: ¿Qué he hecho yo? ¿Cuál es mi maldad, o cuál mi pecado contra tu padre, para que busque mi vida?
3 Y David volvió a jurar diciendo: Tu padre sabe claramente que yo he hallado gracia delante de tus ojos, y dirá: No sepa esto Jonatán, para que no se entristezca; y ciertamente, vive Jehová y vive tu alma, que apenas hay un paso entre mí y la muerte.
4 Y Jonatán dijo a David: Lo que deseare tu alma, haré por ti.
5 Y David respondió a Jonatán: He aquí que mañana será nueva luna, y yo acostumbro sentarme con el rey a comer; mas tú dejarás que me esconda en el campo hasta la tarde del tercer día.
6 Si tu padre hiciere mención de mí, dirás: Me rogó mucho que lo dejase ir corriendo a Belén su ciudad, porque todos los de su familia celebran allá el sacrificio anual.
7 Si él dijere: Bien está, entonces tendrá paz tu siervo; mas si se enojare, sabe que la maldad está determinada de parte de él.
8 Harás, pues, misericordia con tu siervo, ya que has hecho entrar a tu siervo en pacto de Jehová contigo; y si hay maldad en mí, mátame tú, pues no hay necesidad de llevarme hasta tu padre.

Datos sobre el pasaje bíblico

Entre David y Jonatán se entabló una de las más grandes amistades de todas las épocas. Desde el principio, el alma de ambos jóvenes quedó ligada entre sí (18:1). El hijo del rey le regaló a David su manto *y otras ropas suyas, hasta su espada, su arco y su talabarte*, sellándose así una gran amistad. La acción de Jonatán al entregar sus ropas y sus armas a David era una señal pública de gran afecto y respeto. Los dos eran de gran intrepidez, también eran amables y generosos. Hicieron un "pacto". Esta palabra en hebreo es *berith*, que significa un contrato, acuerdo obligatorio hecho voluntariamente entre dos personas antes vinculadas. Es la misma palabra que se usa para el pacto de Dios con su pueblo, del cual se deriva el término "testamento". El capítulo 20 es uno de los relatos más emocionantes de una amistad y lealtad personal. *Que has hecho entrar a tu siervo en pacto de Jehová contigo*, indica que Jonatán había tomado la iniciativa en el solemne compromiso entre David y él.

¡Es tiempo de empezar!

Elabore unas "tarjetas amistosas", con una carita feliz, un corazón u otro motivo que exprese la amistad. Escriba en la parte de alante una frase de amistad y entréguela a cada uno según vaya llegando, al mismo tiempo, déles la bienvenida. Cante temas de adoración relacionados con la clase. Recuerde que acompañar la alabanza con CD y videos motivará a los niños a participar. Haga una oración dando gracias a Dios por estar una vez más en su casa. Pase lista y luego reciba las ofrendas. Haga un repaso de la clase anterior.

Aplicación

¡Qué bueno es tener un amigo en el que podamos confiar! En esta enseñanza observamos que en la verdadera amistad no hay egoísmo. Jonatán no pensó en sus propios beneficios, sino en el bienestar de su amigo. También aprendimos que los verdaderos amigos no permiten que las circunstancias de la vida afecten su amistad. Todo eso lo podemos lograr cuando Dios está con nosotros, y aprendemos a amar a los demás con el amor que Dios nos da. Pida a los niños que se pongan de pie, se tomen de las manos y expresen a Dios una oración, dando gracias por su gran amor para con nosotros y porque Él es nuestro mejor amigo; también, por tener amigos con quienes compartir.

Dinámica para el repaso

Haga en papel construcción rojo, varios corazones (suficientes para todos los niños). Escriba en cada corazón una de las siguientes frases: "Contesta está pregunta, di un versículo de esta o de las clase anteriores, o di algo que aprendiste de la historia, etc.". Pegue los corazones en la pizarra y cada niño en su turno tomará uno y dirá lo que este le indica.

1. ¿Quién era el joven que admiraba a David? *Jonatán, el hijo del rey.*

2. ¿Qué significaba la entrega de las ropas, el manto, la espada, el arco y el talabarte? *Era una señal pública de su gran afecto y respeto.*

3. ¿Cómo salvó Jonatán la vida de David? *Haciéndole saber los planes que su padre tenía en su contra.*

Historia bíblica

(*Adapte la historia de acuerdo a la edad de sus alumnos. Recomendamos utilizar un lenguaje sencillo para los Mensajeros.*)

La gente admiraba a David porque, aunque era muy joven, se atrevía a hacer cosas muy grandes. Una de las personas que lo admiraba era el hijo de Saúl. Este joven llamado Jonatán era el que, según la tradición, ocuparía la posición de su padre, el rey Saúl, al morir. Así que los cuidados que recibía por parte de su familia debieron ser excepcionales. Un día Jonatán conoció a David y desde ese momento se inicio una gran amistad. El cariño que estos amigos se tenían era muy especial, porque era como si hubieran sido dos hermanos. La amistad de ellos era estrecha ya que el padre de Jonatán llevó al joven David a vivir a su palacio. ¡Qué momentos agradables pasaron David y el príncipe! ¡Hasta hicieron un pacto de amistad! El príncipe se quitó el manto que llevaba y se lo dio a David, y otras ropas suyas, hasta su espada, su arco y su talabarte, como una señal pública de su gran afecto y respeto. (*Muestre la escena de Jonatán entregándole a David sus pertenencias.*)

Dios estaba con David, porque cada vez que salía a pelear contra los príncipes de los filisteos tenía más éxito que los demás siervos de Saúl, por lo que todos lo conocían y lo respetaban. Pero el corazón del rey Saúl se llenó de envidia y de odio. Él sabía que su hijo Jonatán era el que tenía el derecho de ser el próximo rey, pero por la fama de David temía que este le quitara el lugar. Pero al joven príncipe no le preocupaba esto, porque sabía que David reunía los requisitos y cualidades para ser un buen rey y él valoraba más su amistad que la posición en el reinado. En una ocasión el rey Saúl planeó matar a David. ¡Se imaginan ustedes lo que sentiría Jonatán al saber que su propio padre quería matar a su gran amigo! Al conocer los malvados planes de su padre, fue a buscar a David y le contó lo que su padre deseaba hacer. Al enterarse de que el rey Saúl procuraba por su vida, David huyó para salvarse. Estuvo escondido durante algún tiempo, pero después que Saúl murió David se convirtió en rey. Años después cuando Jonatán murió, David le demostró que su amistad era para siempre al hacerse cargo de su hijo que estaba lisiado. Esta amistad perduró hasta más allá de la muerte.

Ejercicio del libro

Los ejercicios del libro del alumno han sido elaborados con el propósito de afianzar la enseñanza en forma amena. Distribuya el libro a cada niño (o las hojas) y dé las instrucciones precisas del trabajo que les toca realizar. Anímelos a trabajar en armonía y a completar cada ejercicio.

Actividades específicas para cada edad

Conquistadores

Actividad introductoria. Haga siluetas de personas en papel construcción. Use colores diferentes por cada par de siluetas. A medida que los niños lleguen, entrégueles una silueta y dígales que la tengan en la mano hasta que les diga qué van a hacer con ella. Pida que levanten la silueta que les dio al inicio. Explique que alguien en el salón tiene una silueta del mismo color. La dinámica consiste en buscar a esa persona y formar una pareja de amigos. Déles tiempo para que lo hagan. Cuando lo logren, concédales unos minutos para que intercambien algunos comentarios personales y se conozcan más. Dígales que en la historia de hoy hablaremos de la amistad especial que tuvieron unos jóvenes.

Versículo para memorizar. "En todo tiempo ama el amigo, y es como un hermano en tiempo de angustia" (Proverbios 17:17). Escriba el versículo en la pizarra. Pida a los niños que lo lean y lo expliquen. Después, que lo repitan varias veces hasta lograr su memorización. (Para otras dinámicas de memorización, consulte el libro *Fácil y divertido*, *Cómo Memorizar Versículos*, de la serie *Secretos para Enseñar* de Senda de Vida.)

Trabajo opcional. Haga el "mural de la amistad". Seleccione una parte de la pared y fórrela con papel. En la parte central del papel escriba con letras grandes la palabra amistad. Entregue a los niños hojas de papel y lápices de colores. Pídales que dibujen a sus amigos, recorten el dibujo y luego lo peguen en el mural. Debajo de este que escriban su nombre. De oportunidad para que algunos voluntarios presenten a su amigo y digan por qué lo es.

Vencedores

Actividad introductoria. Los alumnos harán un portalápiz. Organícelos por parejas para que trabajen juntos. Coloque todos los materiales cerca de las parejas. Cada alumno tendrá una lata pequeña o vaso, pero el pegamento será para que lo compartan los dos. En un lugar aparte coloque diferentes elementos (botones, lentejuelas, calcomanías, recortes de revistas, cintas, papeles, etc.), para que cada niño escoja lo que desee y decore la lata a su gusto. Mientras trabajan observe la cooperación e integración de "los amigos". Al terminar, colocarán su portalápiz en una mesa.

Versículo para memorizar. "En todo tiempo ama el amigo" (Proverbios 17:17). Pida a los niños que escriban el versículo en una hoja de papel. Después, que lo lean y lo expliquen según su comprensión. Haga que lo repitan varias veces hasta que lo aprendan. (Para otras dinámicas de memorización, consulte el libro *Fácil y divertido*, *Cómo Memorizar Versículos,* de la serie *Secretos para Enseñar* de Senda de Vida.)

Trabajo opcional. Diga a los niños que van a practicar cómo contar. Contarán los números del uno al quince, utilizando solamente los dedos de las manos y como únicamente tienen diez dedos, pediremos la ayuda de los compañeros. Dé un minuto para que cuenten. Después pregúnteles: "¿A quién pidieron ayuda? ¿Por qué pidieron ayuda, a algunas personas que estaban cerca? Si estuvieran en la escuela y necesitaran ayuda pero no tuvieran cerca a ningún familiar ¿qué harían?". Después que respondan concluya diciendo: "La Biblia dice que es importante tener amigos cerca, pues son de gran ayuda cuando nuestros familiares están lejos".

Mensajeros

Actividad introductoria. Reproduzca las figuras de David y Jonatán. Pegue cada silueta sobre cartulina o cartón y recórtelas. Entregue las dos figuras a cada alumno y pida que la coloreen. Por la parte de atrás coloque un pedazo de cinta adhesiva para que la peguen a un lápiz o a un palito. Explique que la lección de hoy tiene como personajes central a David y al príncipe Jonatán, señálelos e indíqueles cómo se llama cada uno. Explique que cuando narre la historia y mencione a uno de los personajes levanten el lápiz correspondiente.

Versículo para memorizar. "En todo tiempo ama el amigo" (Proverbios 17:17). Pida a los niños que formen un círculo y que repitan en voz alta el texto. Cuando digan *en todo tiempo* se agachan y al repetir *ama el amigo*, se levantan y forman un corazoncito con la mano. Repita esta dinámica varias veces hasta que lo aprendan. (Para otras dinámicas de memorización, consulte el libro *Fácil y divertido, Cómo Memorizar Versículos,* de la serie *Secretos para Enseñar* de Senda de Vida.)

Trabajo opcional. Forme a los niños en parejas. Entregue por pareja una galleta y un vaso de refresco. Explique que las parejas deben compartir lo que se les entregó. Observe la actitud de ellos y luego comente acerca del comportamiento que tuvieron, ¿se mostraron dispuestos a compartir la merienda? ¿Dieron todo o no dieron nada?, etc. Concluya diciendo que esta actividad se hizo para que aprendieran que cuando uno es amigo debe demostrarlo con hechos. Para que todos estén contentos y sientan que recibieron equitativamente la merienda, reparta galletas y refrescos a los que no comieron o no recibieron.

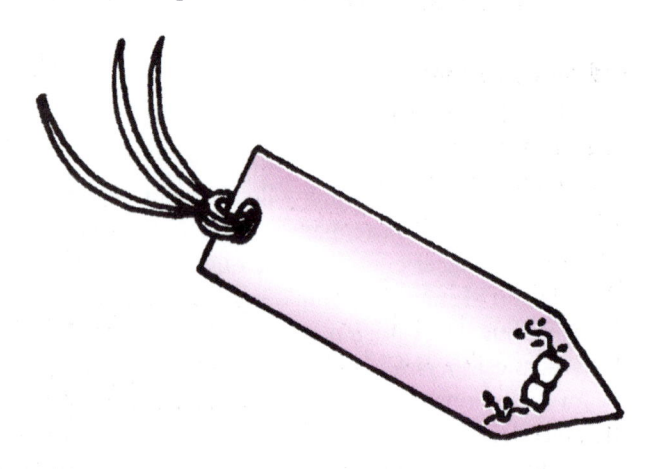

Clausura
Antes de la clase elabore un separador o marcador de libros. Entregue uno a cada niño y pida que escriban el versículo que memorizaron (sólo para los grandes). Luego pida que lo decoren con calcomanías o dibujos y le hagan diseños. Permita que lo lleven a casa y se lo regalen a su mejor amigo. Invítelos a llegar temprano a la próxima clase.

Ayudas visuales
Recorte la escena y adhiérala en cartulina de color rojo. En el momento indicado péguela en la pizarra, frente a los niños.

Unidad I: Personajes ejemplares de la Biblia

10 De regreso a casa

Base bíblica
Esdras 1:1-7; 3; 4:4; 6:14,15

Versículo para memorizar
Para Conquistadores y Vencedores: "Y todo lo que hagáis, hacedlo de corazón, como para el Señor" (Colosenses 3:23).
Para Mensajeros: "Todo lo que hagáis, hacedlo de corazón" (Colosenses 3:23).

Verdad central
Tengamos disposición para hacer cualquier labor para la casa del Señor.

Objetivos
Al terminar la clase los estudiantes podrán:
1. Conocer los hechos sobresalientes de la historia.
2. Interesarse en servir en la casa del Señor.
3. Participar en alguna labor de servicio en el templo.

Materiales
Conquistadores: Biblia, libro del alumno, libro de figuras, lápices y elementos para la dramatización de la historia.
Vencedores: Biblia, libro del alumno, libro de figuras, figuras plásticas, cajas de cartón, un tubo de cartón, témpera color gris, un vaso térmico y papel de construcción color blanco.
Mensajeros: Biblia, libro del alumno, libro de figuras, figuras plásticas, plastilina, platos desechables, cintas, calcomanías, colores, marcadores y cartulinas.

Lectura bíblica
Esdras 1:1 En el primer año de Ciro rey de Persia, para que se cumpliese la palabra de
Jehová por boca de Jeremías, despertó Jehová el espíritu de Ciro rey de Persia, el cual hizo pregonar de palabra y también por escrito por todo su reino, diciendo:
3 Quien haya entre vosotros de su pueblo, sea Dios con él, y suba a Jerusalén que está en
Judá, y edifique la casa a Jehová Dios de Israel (él es el Dios), la cual está en Jerusalén.
4 Y a todo el que haya quedado, en cualquier lugar donde more, ayúdenle los hombres de su lugar con plata, oro, bienes y ganados, además de ofrendas voluntarias para la casa de Dios, la cual está en Jerusalén.
5 Entonces se levantaron los jefes de las casas paternas de Judá y de Benjamín, y los sacerdotes y levitas, todos aquellos cuyo espíritu despertó Dios para subir a edificar la casa de Jehová, la cual está en Jerusalén.
3:2 Entonces se levantaron Jesúa hijo de Josadac y sus hermanos los sacerdotes, y Zorobabel hijo de Salatiel y sus hermanos, y edificaron el altar del Dios de Israel, para ofrecer sobre él holocaustos, como está escrito en la ley de Moisés varón de Dios.
4:4 Pero el pueblo de la tierra intimidó al pueblo de Judá, y lo atemorizó para que no edificara.
6:14 Y los ancianos de los judíos edificaban y prosperaban, conforme a la profecía del profeta Hageo y de Zacarias hijo de Iddo. Edificaron, pues, y terminaron, por orden del
Dios de Israel, y por mandato de Ciro, de Darío, y de Artajerjes rey de Persia.

Senda de Vida/Mamani
©2009 Todos los derechos reservados ITEM 15004
No se permite fotocopiar sin permiso de los editores

Datos sobre el pasaje bíblico

Cerca del año 587 a.C. Jerusalén y su templo fueron destruidos, y la mayor parte de los habitantes fueron llevados a Babilonia. Esta época se conoce como "el exilio". Babilonia estaba situada a unos 1.450 kilómetros de Judá y la mayoría de los prisioneros tuvieron que hacer su viaje a pie. Al cabo de cincuenta años, cerca del 538 a.C., el rey Ciro de Persia derrotó a Babilonia y tomó el control del imperio. El nuevo rey permitió a los judíos y a muchos otros pueblos que regresaran a sus respectivos países. Algunos de los hijos y nietos de los que habían salido de Jerusalén decidieron regresar. Les ayudaron con plata y oro, con bienes y ganado, y con cosas preciosas, además de todo lo que se ofreció voluntariamente. Estos eran regalos en especie metálica del rey persa. Los judíos también se llevaron los tesoros que el rey Nabucodonosor había tomado del templo. El ganado fue en parte un regalo de despedida, y la otra parte, el que el pueblo de Israel había comprado a lo largo de más de cincuenta años viviendo en el cautiverio. Cuando llegaron, comenzaron la reconstrucción de la ciudad, pero la vida era muy difícil porque Jerusalén estaba en ruinas. A algunas de las personas que llevaban tiempo viviendo allí no les gustaban los recién llegados, e intentaron impedir que reconstruyeran la ciudad. Pero con la ayuda de Esdras y Nehemías levantaron nuevamente el templo y repararon las murallas de la ciudad. Más de veinte años después que los exiliados volvieron de Babilonia el templo se terminó.

¡Es tiempo de empezar!

Salude a los niños con mucho cariño mientras menciona sus nombres. Tenga preparado los cánticos que van a entonar para alabar al Señor, pero de oportunidad para que ellos escojan algunos. Pase lista y salude de manera especial a los visitantes. Consiga una alcancía en forma de templo y colóquela en un lugar visible. Pida a la clase que se pongan de pie y mientras depositan su ofrenda, pueden cantar una alabanza.

Historia bíblica

(Adapte la historia de acuerdo a la edad de sus alumnos. Recomendamos utilizar un lenguaje sencillo para los Mensajeros.)

Durante casi cincuenta años los israelitas vivieron lejos de su tierra. Ellos fueron sacados de su país por los babilonios para vivir en un lugar extraño. Ahora el imperio babilónico había llegado a su fin y las cosas cambiarían, una nueva época les esperaba bajo el mando del rey Ciro de Persia. Este gobernante demostró que era amigo de los judíos porque un día, escribió y mandó a que proclamaran una orden que sorprendió a todos los que la escuchaban: "Dios me ha ordenado que reedifique el templo de Jerusalén. Todos aquellos judíos que quieran regresar a esa ciudad para apoyar la obra pueden hacerlo". Al oír esta noticia los judíos se alegraron porque amaban su patria y deseaban volver. Eso no era todo, el decreto del rey Ciro también decía: —"Les devolveré todo lo que el rey Nabucodonosor sacó del templo de su Dios años atrás. ¡Esas cosas no me pertenecen! Ustedes deben llevarlas de vuelta al lugar de donde se sacaron".

Un grupo de personas estuvo dispuesto a irse. El que dirigió la partida fue un judío llamado Zorobabel. Los que no viajaron, les dieron a los que partían plata, oro, bienes y ganados, además de ofrendas voluntarias para la casa de Dios, en Jerusalén. El grupo que se reunió para retornar a su amado país estaba feliz. Marcharon lentamente cantando canciones de gozo. Al llegar a la tierra de Judá, aunque estaban contentos también se entristecieron porque vieron que toda la ciudad estaba en ruinas y el templo estaba convertido en un montón de cenizas. *(Muestre la escena del pueblo cuando llegó a Jerusalén.)*

Aún así, querían demostrarle a Dios que lo amaban y que era importante para ellos, así que decidieron ofrecerle sacrificios. Jesuha y Zorobabel reconstruyeron el altar y comenzaron a hacer sacrificios al Señor. Días más tarde, comenzaron a trabajar para levantar nuevamente el templo. Zorobabel el príncipe y Josué el sacerdote dirigieron el trabajo. Contrataron a canteros y a carpinteros. El pueblo entregaba su oro y su plata. Compraron madera, a cambio de comida, vino y aceite. Cuando se restauraron los cimientos, los sacerdotes y todo el pueblo se reunieron para alabar a Dios.

¡Dios es bueno! —cantaban ellos—. ¡Su amor y misericordias son eternos! Pero la reconstrucción del templo se vio amenazada, pues algunas personas que ya vivían en Judá cuando regresaron los exiliados, no estaban contentas con ese retorno. Durante muchos años les hicieron la vida imposible para evitar la reconstrucción del templo. Por ese motivo los amenazaban, destruían lo que construían, escribieron cartas a los gobernantes llenas de mentiras y hasta le escribieron al rey Darío para confirmar si él les había permitido restaurar el templo. El rey les respondió: "¡No detengan la reconstrucción del templo!". De modo que la obra continuó, y al cabo de muchos años fue terminada. El templo no quedó igual al original, el cual fue construido por Salomón. Los judíos estaban felices, pues tenían nuevamente un templo para ir a alabar a Dios.

Aplicación

¡Cuánto amaban los israelitas a su tierra y a la casa de Dios! Ellos decidieron regresar porque amaban al Señor. Ir a una ciudad destruida significaba dejar todo y comenzar de nuevo, y esto representaba sacrificio económico y de tiempo pero a ellos no les importó. Servir a Dios era más importante que sus necesidades, por eso fueron a reconstruir la ciudad y el templo. Si amamos a Dios, debemos manifestarlo de manera práctica, sirviéndole en el templo y haciendo cualquier sacrificio para hacer lo que Él nos manda. (Para terminar, explíqueles que cuando los judíos supieron que regresarían compusieron el Salmo 126. Diga a los niños más grandes que lo busquen en la Biblia y lo lean, y si sabe la música cántelo.)

Dinámica para el repaso
Pida a los alumnos que se sienten formando un círculo. Diga una pregunta en voz alta y los que sepan la respuesta que levanten la mano. Escoja quién la responderá.
1. ¿Por qué los israelitas vivían lejos de su país? *Porque habían sido llevados cautivos.*
2. ¿Qué orden les dio el nuevo rey a los judíos? *Que podían regresar a su tierra.*
3. ¿Por qué Dios quería que los cautivos regresaran? *Para que reconstruyeran el templo que había sido destruido.*
4. ¿Qué hicieron los israelitas cuando pusieron las bases del templo? *Cantaron y adoraron a Dios.*

Ejercicio del libro
Ubique a los niños en la mesa de trabajo y entrégueles los libros (o las hojas del libro). Proveáles los elementos necesarios para desarrollar los ejercicios. Explique en qué consiste la actividad que van a realizar. Asegúrese que tengan los materiales necesarios para realizar el trabajo.

Actividades específicas para cada edad

Conquistadores
Actividad introductoria. Haga una introducción del tema de la clase, hablando acerca del contexto de la historia (ver datos del pasaje bíblico). Consiga elementos que le sirvan para la dramatización de la historia como: sillas, mesas, adornos, vestuario, etc. Pida que se reúnan en grupo; entrégueles los libros del alumno para que lean la *Lectura bíblica* y la *Historia bíblica*, correspondientes a la clase de hoy. Después que las lean, explique que entre todos dramatizaran la historia así: un grupo tendrá responsabilidad del vestuario. Deben escoger la ropa adecuada para cada personaje y ayudarlos a vestir. Los de escenografía, serán responsables de decorar el escenario: escogerán y ubicarán los elementos (sillas, adornos, etc.), para la dramatización. Relatores: narrarán la obra, haciendo las voces de los diferentes personajes. Actores, representarán la obra. Indíqueles que cada uno debe hacer su parte lo mejor que pueda, ya que este es un trabajo de equipo. Dé tiempo para que se preparen, porque ellos serán los que desarrollarán la historia. Al terminar la representación agradézcales y felicítelos por su participación, y si usted lo considera conveniente, presente la obra en algún programa especial de su iglesia o grupo. Luego haga la aplicación.

Versículo para memorizar. "Y todo lo que hagáis, hacedlo de corazón, como para el Señor y no para los hombres" (Colosenses 3:23). Puede enseñar este versículo como si fuera una poesía dramatizada. Haga expresiones con su cara, sus manos y todo su cuerpo. Los alumnos imitarán sus acciones mientras repiten el versículo. (Para otras dinámicas de memorización, consulte el libro *Fácil y divertido, Cómo Memorizar Versículos,* de la serie *Secretos para Enseñar* de Senda de Vida.)

Trabajo opcional. Durante las siguientes clases los alumnos harán alguna actividad práctica para el templo. Escoja un trabajo en el cual se requiera mano de obra y que los alumnos puedan hacer poco a poco durante las siguientes clases. La idea es poner en práctica los conceptos aprendidos. Sugerencias: *1. Pintar las sillas que estén deterioradas.* Primero las lijan, luego las lavan y después las pintan con barniz o pintura en aerosol. *2. Latas para ofrenda pro-templo:* que decoren muchas latas que sirvan de alcancía, para que el pastor o persona encargada las reparta entre toda la congregación. 3. Restaurar los himnarios o biblias que están deteriorados. 4. Hacer o arreglar el jardín. 5. Pulir los utensilios de metal que decoran el templo. Cualquier otra actividad que sea una necesidad en su congregación.

Vencedores
Actividad introductoria. Invite a la clase algunas de las personas que usted cree que los alumnos deben conocer por el trabajo que realizan en el templo, como la secretaria, el que hace el aseo, el pianista, ujieres, maestros, etc. Pídales que les hablen a los niños acerca de su trabajo, cómo y por qué lo hacen. La idea es que los niños entiendan que toda labor que se hace en el templo es para el Señor. Al terminar, agradézcales a los invitados su participación. Explique a los niños que en una ocasión unas personas dejaron todo lo que tenían para reconstruir el templo a Jehová. Ellos no pensaron en beneficios personales, sólo en que la casa de Dios debía ser restaurada.

Versículo para memorizar. "Y todo lo que hagáis, hacedlo de corazón, como para el Señor" (Colosenses 3:23). Elabore varios rompecabezas del versículo para memorizar. Escriba el texto en hojas de papel construcción usando letra de molde, y córtelo en varios pedazos. Forme la clase en grupos de acuerdo al número de rompecabezas que tenga. Después, que repitan el versículo varias veces hasta memorizarlo. (Para otras dinámicas de memorización, consulte el libro *Fácil y divertido, Cómo Memorizar Versículos,* de la serie *Secretos para Enseñar* de Senda de Vida.)

Trabajo opcional. Durante esta clase y las siguientes, los alumnos harán un castillo que representará los muros de la ciudad de Jerusalén. Los materiales que necesitará para cada niño son: una caja mediana (puede hacerla de cartulina o usar las de cereal), un tubo de cartón (de papel toalla), témpera color gris, un vaso térmico y papel de construcción. Pinte la caja y todo el material que necesitará para la construcción con la témpera de color gris y deje secar. Marque cada caja y guárdelas para la próxima clase.

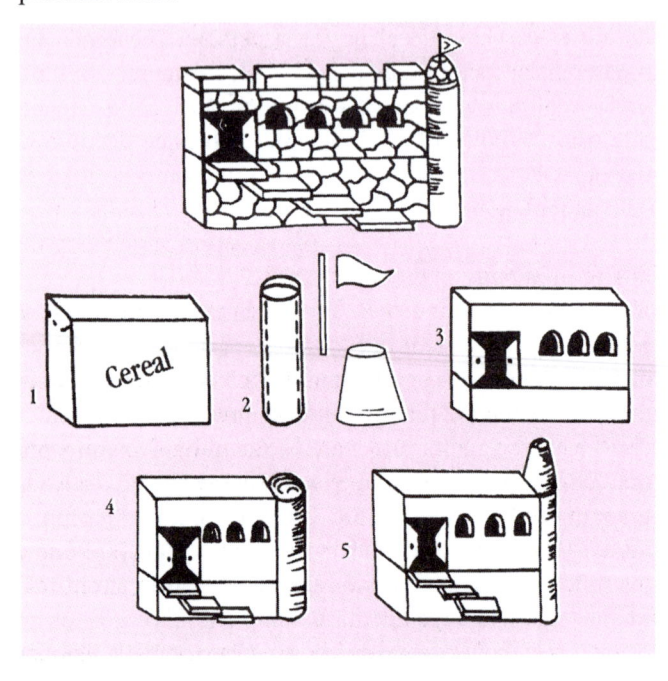

Mensajeros

Actividad introductoria. Entrégueles plastilina de diferentes colores. Dígales que construyan un templo. Ayúdeles a formar los elementos del templo. Pregúnteles qué cosas son necesarias para hacer un templo. Al finalizar dígales que en la lección hablaremos de cómo Dios ayudó a un grupo de personas a construir un templo.

Versículo para memorizar. "Todo lo que hagáis, hacedlo de corazón" (Colosenses 3:23).

Haga en cartulina distintas figuras (corazones, triángulos, cuadrados, etc.). En cada una de ellas escriba una de las palabras del versículo. En un pliego de cartulina dibuje la silueta de esas figuras en el orden en que está escrito el texto. Forme a los niños en pequeños grupos y entrégueles las figuras por turno. Léales las palabras que contienen y pida a los niños que por turno peguen la figura en el espacio correspondiente. Al terminar, pida que digan el versículo. Repita esta dinámica varias veces hasta que asocien cada figura con la palabra que corresponde. (Para otras dinámicas de memorización, consulte el libro *Fácil y divertido, Cómo Memorizar Versículos,* de la serie *Secretos para Enseñar* de Senda de Vida.)

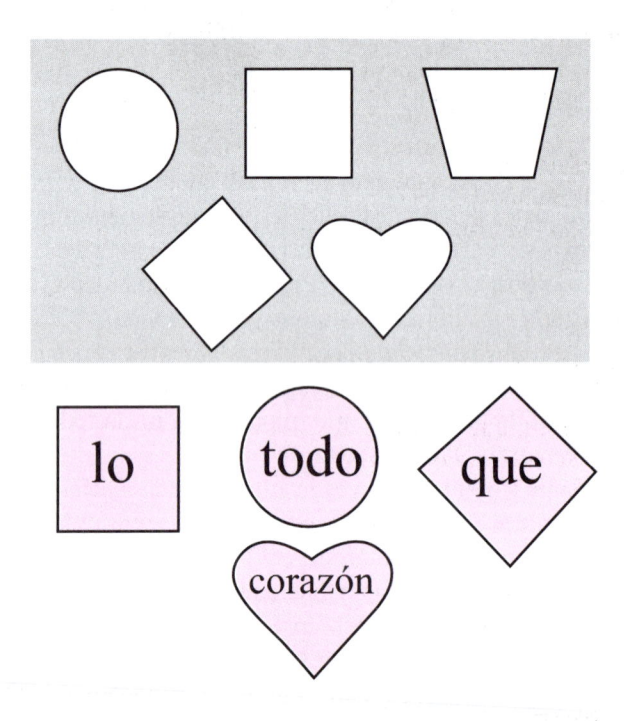

Trabajo opcional. Entregue a cada niño un plato grande y escriba alrededor de cada uno la frase: "Puedo ayudar". Dibuje la silueta de las manos de cada niño en el centro del plato, después abra un orificio en la parte superior e inserte una cinta para colgar. Cada niño decorará su plato como desee, para ello proveáles calcomanías, crayolas, etc.

Clausura

Despídalos en oración e invítelos a no faltar a la siguiente clase.

Ayudas visuales

Si hace la actividad introductoria sugerida no necesitará usar las figuras; pero de todas maneras usted debe prepararse y leer la lección como todas las semanas.

Unidad I: Personajes ejemplares de la Biblia

11 ¡Perdónanos Señor!

Base bíblica
Esdras 7:6-10; 9:1-6; 10:1-5

Versículo para memorizar
Para Conquistadores: "Así ha dicho Jehová de los ejércitos: Volveos ahora de vuestros malos caminos y de vuestras malas obras" (Zacarías 1:4).
Para Vencedores y Mensajeros: "Y yo perdonaré... su pecado" (Jeremías 36:3).

Verdad central
Confesar nuestros pecados y cambiar de actitud es reconstruir nuestra vida.

Objetivos
Al finalizar la clase los alumnos podrán:
1. Conocer que el pueblo de Dios se avergonzó por sus pecados y los confesó.
2. Reconocer sus pecados ante el Señor.
3. Manifestar un cambio de actitud ante los errores confesados.

Materiales
Conquistadores: Biblia, libro del alumno, libro de figuras, lápices, dibujos de casas y merienda.
Vencedores: Biblia, libro del alumno, libro de figuras, lápices, papel, plastilina, yodo, cloro, pegamento, un palillo, lápices de colores, cinta adhesiva, arena y piedras.
Mensajeros: Biblia, libro del alumno, libro de figuras, papel, recortes de revista, yodo, cloro, vaso con agua, papeles de colores, lápices de colores, migas de pan del día, colorante (puede usar témperas) y vinagre.

Lectura bíblica
Esdras 7:6 Este Esdras subió de Babilonia. […]
9:1 Acabadas estas cosas, los príncipes vinieron a mí, diciendo: El pueblo de Israel y los sacerdotes y levitas no se han separado de los pueblos de las tierras, de los cananeos […]
2 Porque han tomado de las hijas de ellos para sí y para sus hijos, y el linaje santo ha sido mezclado con los pueblos de las tierras; y la mano de los príncipes y de los gobernadores ha sido la primera en cometer este pecado.
3 Cuando oí esto, rasgué mi vestido y mi manto, y arranqué pelo de mi cabeza y de mi barba, y me senté angustiado en extremo.
4 Y se me juntaron todos los que temían las palabras del Dios de Israel[…]; mas yo estuve muy angustiado hasta la hora del sacrificio de la tarde.
6 Y dije: Dios mío, confuso y avergonzado estoy para levantar, oh Dios mío, mi rostro a ti, porque nuestras iniquidades se han multiplicado sobre nuestra cabeza, y nuestros delitos han crecido hasta el cielo.
10:1 Mientras oraba Esdras y hacía confesión, llorando y postrándose delante de la casa de Dios, se juntó a él una muy grande multitud de Israel, hombres, mujeres y niños; y lloraba el pueblo amargamente.
2 Entonces respondió Secanías hijo de Jehiel, de los hijos de Elam, y dijo a Esdras: Nosotros hemos pecado contra nuestro Dios, pues tomamos mujeres extranjeras de los pueblos de la tierra; mas a pesar de esto, aún hay esperanza para Israel.
3 Ahora, pues, hagamos pacto con nuestro Dios, que despediremos a todas las mujeres y los nacidos de ellas, según el consejo de mi señor y de los que temen el mandamiento de nuestro Dios; y hágase conforme a la ley.

Datos sobre el pasaje bíblico
Artajerjes Longimano gobernó a Persia desde el 465 hasta el 425 a.C. En su séptimo año le permitió a Esdras, el sacerdote escriba, que regresara a Jerusalén para ayudar al pueblo en sus necesidades espirituales. En los versículos del 1 al

5, tenemos la genealogía de Esdras, donde encontramos pruebas de que era sacerdote de la familia de Aarón. Es evidente que Esdras pidió permiso al rey, al darse cuenta de que el remanente en la nación restaurada necesitaba con desesperación dirección espiritual. Cuatro meses tardó Esdras en realizar el viaje de más de 1.500 kilómetros de Babilonia a Jerusalén. La buena mano de Dios estaba con él y lo prosperó (Esdras 8:21-23). Estos judíos llevarían consigo una jugosa ofrenda voluntaria de Babilonia para ayudar en la obra del Señor. Artajerjes también le dio a Esdras una cuenta de gastos (7:20-22), para ser tomada del tesoro real. La tarea de Esdras era establecer el orden y la adoración religiosa en Jerusalén (versículos 25-26). Cuando Esdras se enteró de que los judíos se habían casado con mujeres paganas sintió tanto pesar, que públicamente rasgó sus vestidos y se sentó angustiado hasta la hora del sacrificio de la tarde. La oración de confesión de Esdras, no era suficiente, toda la nación tenía que confesar sus pecados y arreglar las cosas con el Señor. Dios contestó la oración de Esdras tocando y convenciendo los corazones de las personas. Ofrecieron hacer un pacto con Dios en el que prometían despedir a sus mujeres paganas.

¡Es tiempo de empezar!
Llegue temprano al aula de clase y ordene las sillas de manera distinta a lo acostumbrado, a fin de que los niños vean algo diferente. Decore el aula con motivos acordes al tema de hoy. Cuando lleguen los niños, déles la bienvenida haciéndolos sentir en confianza. Comience con una oración de gratitud a Dios por su cuidado diario y luego diríjalos en unas alabanzas.

Aplicación
Aunque el pueblo de Dios conocía lo que era correcto, desobedecieron y se sintieron avergonzados. Entonces tuvieron que humillarse ante el Señor para pedir perdón por sus pecados. Después de ser perdonados tuvieron que corregir lo que habían hecho mal y cambiar su comportamiento. No basta solamente con pedirle perdón al Señor, tenemos que cambiar nuestra actitud, dejar de hacer lo malo y enmendar las faltas que hemos cometido. Por ejemplo, si ustedes robaron algo y pidieron perdón a Dios, el segundo paso es devolver lo que tomaron o pagarlo, y no volverlo a hacer, ese es el verdadero arrepentimiento. (Para los *Conquistadores*: guíe a sus alumnos para que reconozcan ante Dios sus faltas y que se propongan cambiar de actitud. Puede pedirles que hagan una lista y que al lado escriban cómo repararían sus faltas y luego, que oren.)

Historia bíblica
Habían pasado setenta años desde que el primer grupo de exiliados había vuelto a Jerusalén. Ahora otras personas se preparaban para regresar, entre ellos se encontraba el escriba y sacerdote Esdras. Este hombre amaba a Dios y le gustaba estudiar las Escrituras. El rey Artajerjes de Persia le había dado permiso a Esdras para que regresara: "Puedes volver con todos los que quieran acompañarte. Toma una copia de la Ley de Dios y mis tesoreros te darán lo que necesites. Debes enseñar al pueblo la Ley de Dios y presentarme informes" —le dijo. De inmediato Esdras ordenó al pueblo que se preparara.
—No le he pedido al rey protección para el viaje porque le he dicho que Dios cuidará de nosotros. —les dijo Esdras. —Ayunemos y oremos antes de partir. Al llegar a Jerusalén, se encontraron con los que habían regresado primero. Algunos de los líderes se acercaron a Esdras con un poco de vergüenza. ¿Qué había pasado? ¿Por qué se sentían así? Gran parte de ellos había desobedecido la ley de Dios, entonces confesaron su pecado: "Muchos de los que regresamos, se han casado con personas que no son de nuestro pueblo". Esta noticia fue impactante para el sacerdote, porque él amaba a Dios y no comprendía por qué lo habían desobedecido. El Señor les había prohibido que se casaran con gente de otra raza. El problema era que los otros pueblos, no adoraban ni amaban a Dios, sino a ídolos, y tenían otras costumbres que no estaban de acuerdo a lo que el Señor les había enseñado. Unirse a ellos sería aceptar sus creencias y olvidarse de Dios. El sacerdote estaba tan indignado que rasgó sus ropas, arrancó cabellos de su cabeza y de su barba. ¡Él se sentía muy triste y angustiado! En la tarde, Esdras preparó un sacrificio y de rodillas frente al altar exclamó: "Señor, perdónanos, hemos pecado contra ti, ¡nunca aprenderemos! ¡Siempre cometemos los mismos errores! ¡Perdónanos!". Los que escuchaban a Esdras sabían que tenía razón. Un gran número de personas se unieron al clamor y llorando amargamente dijeron:
—"Hemos pecado contra ti, Señor. Perdónanos y enséñanos cómo podemos obedecerte".
(*Muestre la escena de Esdras y el pueblo postrados pidiendo perdón a Dios.*)
Después de esto, Esdras obligó a algunos de ellos a tomar medidas para reparar su falta, y que se apartaran de aquellos que adoraban ídolos y les recordó que eran un pueblo santo y consagrado al servicio del Señor.
Este fue el principio de todo lo que Esdras hizo para que el pueblo de Israel restableciera su relación con Dios.

Dinámica para el repaso

Escoja a dos alumnos para que hagan de Esdras y prepárelos con anticipación para esta actividad. Los "Esdras" se colocarán frente de la clase. Usted formulará una pregunta y los dos la responderán, pero sólo uno dirá la verdad. El alumno que usted elija debe decir quién es el que dice la verdad y por qué. Identificar al verdadero y sustentar la respuesta es una forma de conocer si sus alumnos conocen la historia bíblica. Estos son algunos ejemplos de las preguntas y respuestas que usted puede hacer. *Dinámica para los Mensajeros: diga una pregunta y el que la sepa que la responda*

1. ¿Cuál era tu oficio y qué fuiste hacer a Jerusalén? Verdadero: soy sacerdote y escriba y fui a Jerusalén para dar a conocer al pueblo de Israel la Ley de Dios. Falso: yo soy profeta, y fui a Jerusalén para calcular los daños de la ciudad y presentar informes.

2. ¿Quién costeó tu viaje y qué tipo de seguridad buscaste para protegerte? Verdadero: el rey costeó mi viaje y solo confié en Dios para protegerme. Falso: como funcionario del palacio, el rey costeó mi viaje y me proporcionó toda la seguridad que necesitaba.

3. ¿Por qué te indignaste al enterarte que muchos se habían casado con personas de otros pueblos? Verdadero: porque el Señor les había prohibido que se casaran con gente de otra raza. Falso: porque Dios les dijo que odiaran a los que no fueran judíos.

Ejercicio del libro

Entregue a cada niño su hoja de trabajo. Explique la actividad que van hacer y asegúrese que todos comprendieron; dé la orden de iniciar. Supervise lo que cada uno hace y ayude a los que lo necesitan, especialmente a los más pequeños.

Actividades específicas para cada edad

Conquistadores

Actividad introductoria. Muestre la foto de la fachada de una casa hermosa. Pregunte a los alumnos si les gustaría vivir allí y por qué. Luego muestre el interior de una casa que luzca fea, sucia y en ruinas.

Pregunte nuevamente si les gustaría vivir allí y por qué. Muestre la primera fotografía y diga que estas dos casas en realidad son la misma; una foto muestra el exterior y la otra el interior. Para que una construcción sea hermosa debe estar bella por dentro y por fuera. Dios quería reconstruir la ciudad de Jerusalén que estaba en ruinas, pero no sólo se refería a las edificaciones sino a la vida de cada judío. En la clase de hoy hablaremos de un hombre que se encargó de construir las vidas del pueblo de Dios.

Versículo para memorizar. "Así ha dicho Jehová de los ejércitos: Volveos ahora de vuestros malos caminos y de vuestras malas obras" (Zacarías 1:4). Con anticipación, trace en el piso del patio o cualquier otra área libre de obstáculos un laberinto corto y sencillo. Pida a varios alumnos que recorran el laberinto y cuando lleguen a un camino que no tenga salida deben volverse y empezar de nuevo. Después que dos o tres pasen, relacione la actividad con el versículo. Arrepentirse por los pecados significa volvernos a donde estábamos antes de pecar y tomar un nuevo camino (asumir nueva actitud en la vida). Pida que lo expliquen con sus palabras y que lo memoricen. (Para otras dinámicas de memorización, consulte el libro *Fácil y divertido, Cómo Memorizar Versículos,* de la serie *Secretos para Enseñar* de Senda de Vida.)

Trabajo opcional. Los alumnos continuarán con el proyecto que eligieron la clase anterior. Recuerde que la idea es poner en práctica los conceptos aprendidos. Puede afianzar los objetivos del estudio. Para motivarlos, ofrézcales que al final del trabajo tendrán una deliciosa merienda.

Vencedores

Actividad introductoria. Entregue a los niños un pedazo de plastilina y pídales que moldeen una flor. Cuando estén terminándola dígales que se escogerá la flor más bonita y más grande. Posiblemente muchos dañarán la que hicieron para moldear otra. Al terminar, escoja por medio de aplausos la flor más hermosa. Pregúnteles, ¿por qué dañaron la primera flor y la volvieron hacer? Deje que respondan y dígales que cuando cometemos una falta o un pecado y nos arrepentimos, tenemos que tomar una actitud diferente y no volver a hacer lo malo que hicimos. Ustedes desecharon la primera flor y armaron una nueva, la vieja la olvidaron, no pueden recuperarla porque siempre les va a quedar diferente. En el estudio de hoy hablaremos de un pueblo que tuvo que arrepentirse de corazón por sus pecados, romper su vida pasada y vivir una diferente.

Versículo para memorizar. "Y yo perdonaré... su pecado" (Jeremías 36:3). Antes de la clase, consiga un vaso de vidrio con agua, cloro y un poco de yodo. Lea el versículo y luego explíquelo así: muestre el vaso con agua y diga que este representa nuestra vida. Luego, muestre el yodo y añádalo poco a poco al vaso mientras dice: "el yodo representa nuestro pecado y así está nuestra vida antes de conocer a Jesús, sucia. Pero cuando pedimos a Jesús que nos perdone, su sangre es como este cloro (eche un chorro de cloro al vaso), la cual limpia el pecado que hay en nuestro corazón". Termine esta sección practicando una dinámica de repetición. (Para otras dinámicas de memorización, consulte el libro *Fácil y divertido, Cómo Memorizar Versículos,* de la serie *Secretos para Enseñar* de Senda de Vida.)

Trabajo opcional. Los alumnos seguirán con el proyecto de la unidad (ver clase anterior). Los materiales que necesitará hoy para cada niño son: los elementos que pintaron en la clase pasada, pegamento, un palillo, lápices de colores, cinta adhesiva, arena y piedras.

Dibuje en las cajas, puertas y ventanas. Coloque el tubo de cartón en el extremo derecho de la caja, péguelo con pegamento y refuércelo con cinta adhesiva. Pegue el vaso en la parte superior del tubo; use cinta adhesiva para pegarlo. Dibuje líneas y curvas para simular las piedras de la fortaleza. Luego, para que parezcan reales, pueden pegarle arena y algunas piedras pequeñas. Por último haga la banderita con un pedacito de papel blanco e insértela en un palillo. Luego, ensártela en la parte superior del vaso que forma la torre. Terminado el proyecto, que todos pongan su trabajo en el piso, formando un círculo para simular los muros de la ciudad de Jerusalén que los judíos fueron a reconstruir.

Mensajeros

Actividad introductoria. Haga un corazón en un pedazo de papel blanco grande y péguelo en la pizarra. Lleve recortes de revistas o periódicos que muestren personas o niños haciendo cosas que no son correctas (niños peleando, personas enojadas, robando, etc.). Pida a cada niño que pase al frente, tome un recorte y lo pegue dentro del corazón. Explique que cuando hacemos algunas de esas acciones, nuestro corazón queda sucio (mientras habla pinte el corazón con creyón negro), eso es lo que la Biblia dice que es pecado. Pídales que observen el corazón que pintaron al principio. En la historia de hoy veremos cómo se sintieron unas personas cuando sintieron que su corazón estaba lleno de pecado y qué hicieron para limpiarlo.

Versículo para memorizar. "Y yo perdonaré... su pecado" (Jeremías 36:3). Antes de la clase, consiga un vaso de vidrio transparente con agua, un poco de cloro y un poco de yodo. Lea el versículo y luego explíquelo así: muestre el vaso con agua y diga que este representa nuestra vida. Luego, muestre el yodo y añádalo poco a poco al vaso mientras dice: el yodo representa nuestro pecado y así está nuestra vida antes de conocer a Jesús, sucia. Pero cuando le pedimos a Jesús que nos perdone, su sangre es como este cloro (eche un chorro de cloro al vaso hasta que se coma el yodo y quede limpia), que limpia el pecado que hay en nuestro corazón. Termine esta sección practicando una dinámica de repetición. (Para otras dinámicas de memorización, consulte el libro *Fácil y divertido, Cómo Memorizar Versículos,* de la serie *Secretos para Enseñar* de Senda de Vida.)

Trabajo opcional. Los alumnos harán en plastilina escenas de la lección de hoy. Si lo prefiere, usted mismo puede preparar la plastilina así: necesitará migas de pan del día, colorante (puede usar témperas), vinagre y agua. Se moja las migas de pan en vinagre y agua. Se humedecen y amansan poco a poco hasta adquirir una consistencia suave y manuable. Agregue a la masa color y se trabaja hasta que queda uniforme. Entregue un pedazo a cada niño y pida que hagan las escenas. Por ejemplo, las escenas que pueden hacer son: los judíos viajando, el grupo llega a Jerusalén, Esdras frente al altar, el pueblo llorando, etc. cuando terminen, los niños verán lo que hicieron los otros compañeros.

Clausura

Tenga lista una rica merienda para que se la ofrezca a los niños. Despídalos en oración e invítelos a llegar temprano a la próxima clase.

Ayudas visuales

Recorte la escena del libro de figuras. Practique la narración de la historia contándosela a otra persona, así en el momento de la clase sentirá mayor confianza.

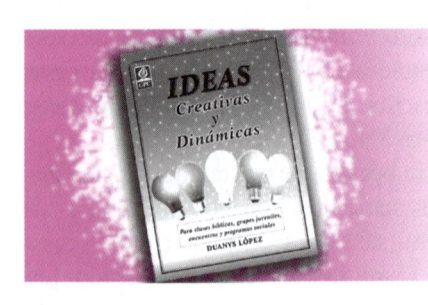

IDEAS CREATIVAS Y DINÁMICAS
Este libro puede ser usado por los maestros como un recurso adicional para complementar sus clases o programa eduacional.

Unidad I: Personajes ejemplares de la Biblia

12 Nehemías desea reconstruir la ciudad

Base bíblica
Nehemías 1:3,4-11; 2:4-6, 11-13,17

Versículo para memorizar
Para Conquistadores: "Y dijeron: Levantémonos y edifiquemos. Así esforzaron sus manos para bien" (Nehemías 2:18).
Para Vencedores y Mensajeros: "Levantémonos y edifiquemos" (Nehemías 2:18).

Verdad central
Dios nos ayudará a lograr las metas que Él pone en nuestro corazón.

Objetivos
Mediante este estudio los alumnos estarán en capacidad de:
1. Saber que Dios pone sus metas en el corazón.
2. Reconocer la importancia de involucrar a los demás para alcanzar las metas.
3. Recordar que la oración y la preparación son pasos importantes para lograr las metas.

Materiales
Conquistadores: Biblia, libro de figuras, libro del alumno, lápices, papel construcción, corazones de papel y merienda.
Vencedores: Biblia, libro de figuras, libro del alumno, lápices, casa de cartón, bloques de madera, plástico o de cartón, papel construcción, marcadores, cartulina, cinta adhesiva, láminas, corazones de papel y merienda.
Mensajeros: Biblia, libro de figuras, libro del alumno, lápices, casa de cartón, bloques de madera, plástico o de cartón, papel construcción, marcadores, cartulina, cinta adhesiva, láminas, corazones de papel y merienda.

Lectura bíblica
Nehemías 1:3 Y me dijeron: El remanente, los que quedaron de la cautividad, allí en la provincia, están en gran mal y afrenta, y el muro de Jerusalén derribado, y sus puertas quemadas a fuego.
4 Cuando oí estas palabras me senté y lloré, e hice duelo por algunos días, y ayuné y oré delante del Dios de los cielos.
11 Te ruego, oh Jehová, esté ahora atento tu oído a la oración de tu siervo, y a la oración de tus siervos, quienes desean reverenciar tu nombre; concede ahora buen éxito a tu siervo, y dale gracia delante de aquel varón. Porque yo servía de copero al rey.
2:4 Me dijo el rey: ¿Qué cosa pides? Entonces oré al Dios de los cielos,
5 y dije al rey: Si le place al rey, y tu siervo ha hallado gracia delante de ti, envíame a Judá, a la ciudad de los sepulcros de mis padres, y la reedificaré.
6 Entonces el rey me dijo (y la reina estaba sentada junto a él): ¿Cuánto durará tu viaje, y cuándo volverás? Y agradó al rey enviarme, después que yo le señalé tiempo.
11 Llegué, pues, a Jerusalén, y después de estar allí tres días,
12 me levanté de noche, yo y unos pocos varones conmigo, y no declaré a hombre alguno lo que Dios había puesto en mi corazón que hiciese en Jerusalén; ni había cabalgadura conmigo, excepto la única en que yo cabalgaba.
13 Y salí de noche por la puerta del Valle hacia la fuente del Dragón y a la puerta del Muladar; y observé los muros de Jerusalén que estaban derribados, y sus puertas que estaban consumidas por el fuego.
17 Les dije, pues: Vosotros veis el mal en que estamos, que Jerusalén está

Senda de Vida/Mamani
©2009 Todos los derechos reservados ITEM 15004
No se permite fotocopiar sin permiso de los editores

•47

desierta, y sus puertas consumidas por el fuego; venid, y edifiquemos el muro de Jerusalén, y no estemos más en oprobio.

Datos sobre el pasaje bíblico

Nehemías era copero de Artajerjes, rey de Persia. En esa época ese era un cargo de mucha importancia y contaba con toda la confianza del rey. Nehemías gozaba de esa posición privilegiada. Recibió la noticia de que el pueblo que había regresado del exilio a Jerusalén, estaba en mucha necesidad y afrenta. Dios puso en su corazón la visión de reedificar los muros de Jerusalén y las puertas. Entonces reconoció que Dios lo estaba guiando a esa meta, por lo que le pidió en oración hallar gracia ante el rey y tener buen éxito cuando se presentara el momento de hablar. Cuando Dios le dio esa oportunidad ante el rey, pidió la dirección divina e hizo la petición del permiso para reconstruir los muros de la ciudad. Dios movió el corazón del rey hacia una respuesta positiva y le otorgó, además, protección durante el viaje y los recursos que Nehemías había solicitado. Se observa en Nehemías, aparte de su devoción y dependencia de Dios mediante el ayuno, oración y conocimiento de la ley, una persona creativa, que planifica cómo alcanzar las metas que Dios pone en su corazón. Esta meta no beneficiaba particularmente a Nehemías, pero él estaba dispuesto a realizarla por amor a Dios y a sus hermanos necesitados. Al llegar a Jerusalén, inspeccionó el lugar, observó las condiciones y luego convocó a los líderes de la casa de Israel, sacerdotes y levitas, para darles a conocer el plan que Dios había puesto en su corazón, y para retarles a

Historia bíblica

(Adapte la historia de acuerdo a la edad de sus alumnos. Recomendamos utilizar un lenguaje sencillo para los *Mensajeros*.)

Escoja con anticipación a un alumno de su grupo o de una clase superior para que represente a Nehemías. Consígale ropas adecuadas y prepárelo para que actúe mientras usted narra la clase, pídale que memorice las palabras del personaje y que haga él mismo la siguiente introducción: "Mi nombre es Nehemías. Vivo en Susa capital del reino Persa. Pero yo realmente no pertenezco a este lugar ya que soy judío y amo a Dios; mi país esta en proceso de ser reconstruido pues hace mucho tiempo fuimos atacados. Yo sirvo en el palacio y mi trabajo es probar el vino antes que el rey lo tome para comprobar que no esté envenenado. Si quieren saber más de mí escuchen esta historia".

Nehemías escuchaba las malas noticias que le traían sus hermanos desde Jerusalén, la ciudad de donde eran sus padres, su amada ciudad: —"Los que regresaron a Jerusalén sufren y pasan muchas necesidades; están expuestos al peligro, porque los muros que protegían la ciudad fueron derribados y las puertas quemadas. Es una condición deplorable". Mientras, escuchaba, lloraba y una profunda tristeza llenaba su corazón. Nehemías se encontraba bien y vivía cómodamente, pues tenía un cargo muy importante: era el copero del rey de Persia; este era un puesto de mucha confianza. Pero él sabía que sus hermanos, todos los otros judíos, estaban sufriendo las consecuencias de haber pecado contra Dios. —¿Qué podía hacer?—. Lo primero que vino a su mente y a su corazón fue algo que todos debemos hacer: oró a Dios y ayunó. En su oración reconoció que el pueblo de Dios había pecado y se incluyó él mismo como pecador. De repente, una luz iluminó sus pensamientos, y volvió a sentirse animado. Recordó las enseñanzas que había oído sobre las promesas de Dios dadas a Moisés, de que si ellos se arrepentían, los traería de todos los lugares donde se encontraran y los reuniría de nuevo para que habitaran la ciudad donde glorificarían su nombre. Nehemías oró para que esa promesa se cumpliera, y Dios oyó esa oración tan sincera. No solamente la escuchó, sino que también puso en su corazón una meta muy grande: reconstruir los muros de Jerusalén y reparar sus puertas. Lo primero y más importante era tener el permiso del rey. Sin ello, todos los planes se detendrían. Parecía algo muy difícil de lograr, un gran obstáculo. Pero Nehemías oró: "Señor dame éxito cuando hable con el rey". Y así sucedió. El rey autorizó a Nehemías para que emprendiera el proyecto de reconstrucción y le dio un permiso sellado con su firma. Además, lo envió acompañado de capitanes del ejército para que lo protegieran en su viaje; y no sólo eso, sino que también le dio la madera para hacer las puertas de la ciudad. ¡Nehemías estaba contento! ¡Dios sí sabe lo que es el éxito! —seguramente pensaba.

Todo estaba listo, no faltaba nada, era el momento de partir. Nehemías avisó a todos y emprendió su viaje, hasta llegar a Jerusalén. Al tercer día de haber llegado, salió de noche a observar la condición de la ciudad. Él no le había contado a nadie lo que Dios había puesto en su corazón y el propósito de su viaje. Salió pues a comprobar el estado de los muros y vio que evidentemente las murallas estaban destruidas. Él entonces elaboró un plan para hacer el trabajo de reconstrucción. Con el proyecto listo, reunió al pueblo, sacerdotes, nobles y oficiales. (*Muestre la escena de Nehemías junto a las murallas destruidas.*)

Luego les contó cómo Dios había puesto esa meta en su corazón y había provisto todo lo que necesitaba. Nehemías los animó para que juntos edificaran los muros. Todos con entusiasmo, hicieron la labor de acuerdo a las instrucciones recibidas.

unirse al proyecto. La respuesta no se hizo esperar, y la restauración de los muros de la ciudad comenzó a ser una realidad.

¡Es tiempo de empezar!
Elabore el título de la lección en letras de cartulina; haga también un corazón muy grande y pegue el título arriba del corazón, al frente del aula. Inicie la reunión dando la bienvenida a todos, en forma especial a los niños que visitan por primera vez. Diríjalos en un tiempo de alabanza al Señor. Comparta con sus alumnos alguna meta por la cual usted haya orado y que Dios le haya ayudado a lograrla. Luego, pregúnteles si ellos tienen alguna meta que les gustaría lograr, y déles tiempo para que compartan sus ideas. A los más pequeños puede preguntarles qué les gustaría ser cuando sean grandes.

Aplicación
Una meta es algo que uno espera alcanzar o lograr en el futuro. Así como sucedió con Nehemías, Dios pone metas en nuestros corazones para lograr sus propósitos.
Pregunte a los niños: "¿Cuál sería una meta que te gustaría lograr?". Deje que piensen y que contesten la pregunta.
Dios es un gran planificador y conoce cada una de las necesidades de su pueblo. Él inspira sus ideas en nosotros, para que desarrollemos sus proyectos. Durante el desarrollo de la tarea, provee los recursos que faltan; nos ayuda a superar los obstáculos que se puedan presentar y pone personas que nos ayudarán a llegar a la meta. Lo único que Dios necesita es un corazón dispuesto a ser usado por Él.

Dinámica para el repaso
Elabore siluetas de ladrillos de papel construcción color marrón. Péguelos una pregunta por la parte de atrás. Repártalos a cada niño y permita que contesten la pregunta que les corresponde. Si contestan, deje que pasen al frente para pegar el ladrillo, de manera que construyan un muro con ellos. Usted puede elaborar más preguntas, si lo considera necesario.
1. ¿Con qué propósito Dios puso su meta en el corazón de Nehemías? *Para proteger a su pueblo.*
2. ¿De qué forma Dios nos ayuda a lograr las metas que Él nos propone? *Nos provee lo que necesitamos.*
3. ¿Qué hizo Nehemías para lograr su meta? *Oró y ayunó a Dios.*
4. ¿A quiénes animó Nehemías para que construyeran el muro? *A los sacerdotes, nobles, oficiales y a todo el pueblo.*

Ejercicio del libro
Entregue a los niños el libro del alumno (o las hojas del libro). Motívelos a realizar individualmente el trabajo asignado para esta lección. Apóyelos si tienen alguna dificultad en el trabajo. Después que terminen, podrán compartir con los demás lo que han hecho.

Actividades específicas para cada edad

Conquistadores
Actividad introductoria. Lleve a los alumnos fuera del aula y explique que tiene un desafío para ellos. Para enriquecer la dinámica dígales que se imaginen que viven en un lugar en el que todos son vecinos. Todos deben construir una muralla alrededor de lo contrario sus casas serán saqueadas y les robarán todo. La meta es construir una muralla con sus cuerpos. Las reglas son las siguientes: 1) Todos deben participar. 2) Ninguno puede hablar. 3) Nadie puede dirigir al grupo. 4) El tiempo para hacerlo son tres minutos. ¡Es casi imposible que lo logren! Cuando termine el tiempo límite, permítales reflexionar sobre lo ocurrido, o más bien sobre lo que no se pudo lograr. ¿Cómo se sintieron al saber que tenían el desafío de construir una muralla? ¿Qué pensaron al escuchar las reglas? ¿Qué medios utilizaron para poder lograr el objetivo? ¿Qué obstáculos tuvieron? ¿Qué hicieron para resolverlos? Después de escuchar sus comentarios déles la oportunidad de intentarlo nuevamente pero sin las reglas 2 y 3. Luego, comente lo sucedido (puede usar las mismas preguntas).

Versículo para memorizar. "Y dijeron: Levantémonos y edifiquemos. Así esforzaron sus manos para bien" (Nehemías 2:18). Lea el texto directamente de la Biblia y explíquelo. Divida el versículo en cuatro partes y forme cuatro grupos. Asigne una frase del versículo a cada grupo. Al decir la frase, harán una mímica que la represente. Los demás grupos deben aprender el texto parte por parte y hacer todos los gestos. (Para otras dinámicas de memorización, consulte el libro *Fácil y divertido, Cómo Memorizar Versículos,* de la serie *Secretos para Enseñar* de Senda de Vida.)

Trabajo opcional. Para motivar a los alumnos a tener buenas metas y trabajar en equipo, pueden planear un proyecto en común para realizarlo en el momento u otro día. Algo para hacer en el mismo instante puede ser ayudar en las clases de los niños más pequeños a ordenar los juguetes, repartir el refrigerio, repartir los programas de la iglesia, ordenar las sillas, etc. Una opción para otro día podría ser visitar un hogar de ancianos, un orfanato o un hospital.

Vencedores

Actividad introductoria. Pida a los niños que se levanten de sus sillas y se reúnan al frente del aula. Tenga una mesa grande donde puedan trabajar. Entregue a cada niño bloques de madera o plástico. Diga que con los bloques deben construir una muralla alrededor de la casa de cartón que elaboró previamente y que colocó en el centro de la mesa. Asigne un tiempo límite para realizar la actividad. Cuando ellos hayan concluido, haga las siguientes preguntas: ¿para qué sirve un muro alrededor de una casa? ¿Qué se necesitará para construir un muro de verdad? ¿Qué hicieron para lograr su trabajo? Después de haber reflexionado, diga a los niños: "En la historia de hoy aprenderemos de alguien que se propuso la meta de construir un muro, pero no para una casa sino para una gran ciudad". Explique que una meta es algo que uno espera lograr en el futuro.

Versículo para memorizar. "Levantémonos y edifiquemos" (Nehemías 2:18). Haga una breve explicación del versículo. Escríbalo por partes en tiras de papel (divídalo como crea conveniente). Introdúzcalo en un sobre, y luego de realizar una rutina de memorización, pídale a un alumno que saque una tira del sobre, lea lo escrito y complemente la parte restante del versículo. Si es posible, permita que todos participen para verificar el aprendizaje. (Para otras dinámicas de memorización, consulte el libro *Fácil y divertido, Cómo Memorizar Versículos,* de la serie *Secretos para Enseñar* de Senda de Vida.)

Trabajo opcional. Distribuya a los niños lápices y pequeños corazones de papel. Indíqueles que deben escribir sus nombres en ellos junto con la meta que les gustaría lograr. Permita que cada niño lea a los demás lo que escribió, y que pase a pegarlo dentro del corazón grande que usted ya había preparado.

Mensajeros

Actividad introductoria. Elabore con anticipación una pequeña casa de cartón. Ponga la casa en el piso y pida a los niños que se coloquen alrededor de ella y luego diga: "Las personas que viven en esta casa pueden estar en peligro porque no tienen paredes fuertes que las protejan de intrusos, ladrones, el viento, etc.". Explique que usted les dará algo con lo que ellos pueden ayudar. Después, entregue a cada niño un bloque de madera o plástico. Continúe diciendo: "Les di algo con lo que pueden ayudar. ¿Qué harán con el bloque que les entregué?". No les diga que construyan el muro, sino estimule la creatividad haciendo preguntas hasta que lleguen a esa conclusión. Permita que entre todos coloquen los bloques alrededor de la casa y construyan el muro. Felicite a los niños porque trabajaron juntos y lograron su meta. En la historia de hoy, veremos cómo alguien animó a muchas personas a construir un muro, no para una casa sino para una gran ciudad.

Versículo para memorizar. "Levantémonos y edifiquemos" (Nehemías 2:18). Lea el versículo directamente de la Biblia. Explique a los niños qué significa "Levantémonos y edifiquemos" (Levantémonos = tener disposición y ánimo. Edifica = haz lo que tienes que hacer). Después, cóloquelos en parejas uno frente a otro; luego, que repitan la frase: "Levantémonos y edifiquemos". Probablemente estas dos palabras sean muy difíciles para ellos, pero puede hacer que repitan: "Levántate y edifica". Mientras repiten el texto que se pasen un bloque uno al otro. Que lo repitan varias veces hasta lograr su memorización. (Para otras dinámicas de memorización, consulte el libro *Fácil y divertido, Cómo Memorizar Versículos,* de la serie *Secretos para Enseñar* de Senda de Vida.)

Trabajo opcional. Explique a los niños que trabajarán juntos haciendo un mural. Lleve acuarelas o témpera no tóxica, dilúyala en poca agua, y póngala en varios platos de plástico. Use un color diferente en cada plato. Dé una hoja de papel con el nombre de cada niño dibujado en puntos. Reparta creyones y dígales que unan los puntos para escribir su nombre. Después, que elijan el color que les guste y que pongan sus manitas dentro del plato con pintura y las estampen en la hoja de papel. Tenga servilletas para que se limpien las manos; llévelos a lavarse con jabón y a secarse con una toalla, mientras se secan las pinturas. Motívelos a colaborar en cortar las letras del mural, pegar cinta adhesiva detrás de las letras y de sus pinturas, y colocar ambas cosas en el mural. Cuando esté todo terminado, felicítelos porque están aprendiendo a ayudarse unos a otros y trabajar unidos.

Clausura

Reúna a los niños frente al mural y recuérdeles que cuando servimos a Dios debemos orar para que Él nos ayude y todo salga bien. También debemos aprender a trabajar juntos en armonía. Haga una oración pidiéndole a Dios que les recuerde a los niños que deben ayudarse unos a otros en la casa, escuela o iglesia. Comparta un refrigerio con ellos e invítelos a la próxima reunión.

Ayudas visuales

Saque la escena correspondiente a la historia de hoy y que se encuentra en el libro de figuras. Estudie la historia y asegúrese que sabe el momento en que la presentará. Puede usar como fondo un franelógrafo. Prepárese anticipadamente con todos los elementos necesarios para la lección.

Unidad I: Personajes ejemplares de la Biblia

13 Nehemías cumple el propósito de Dios

Base bíblica
Nehemías 7:1-5; 11:1,2; 12:27-43

Versículo para memorizar
"Hoy os habéis consagrado a Jehová" (Éxodo 32:29).

Verdad central
El deseo de Dios es que le dediquemos nuestra vida.

Objetivos
Al terminar la clase los alumnos estarán en capacidad de:
1. Conocer los hechos sobresalientes de la historia.
2. Reconocer que el pecado nos impide sentir gozo y alegría.
3. Desear dedicar su vida a Dios.

Materiales
Conquistadores: Biblia, libro del alumno, libro de figuras, lápices, banderas, pitos, platos, globos, serpentinas, matracas, pinturas para la cara, fieltro, tela de colores, escarcha, papel periódico viejo, tijeras y pegamento.
Vencedores: Biblia, libro del alumno, libro de figuras, cartulina, refrescos, vasos y platos desechables y una torta.
Mensajeros: Biblia, libro del alumno, libro de figuras, dos cartulinas blancas, globos, cadenetas, guirnaldas y refrescos.

Lectura bíblica

Nehemías 7:1 Luego que el muro fue edificado, y colocadas las puertas, y fueron señalados porteros y cantores y levitas,
2 mandé a mi hermano Hanani, y a Hananías, jefe de la fortaleza de Jerusalén (porque éste era varón de verdad y temeroso de Dios, más que muchos);
3 y les dije: No se abran las puertas de Jerusalén hasta que caliente el sol; y aunque haya gente allí, cerrad las puertas y atrancadlas. Y señalé guardas de los moradores de Jerusalén, cada cual en su turno, y cada uno delante de su casa.
4 Porque la ciudad era espaciosa y grande, pero poco pueblo dentro de ella, y no había casas reedificadas.
5 Entonces puso Dios en mi corazón que reuniese a los nobles y oficiales y al pueblo, para que fuesen empadronados según sus genealogías. Y hallé el libro de la genealogía de los que habían subido antes, y encontré en él escrito así:
12:27 Para la dedicación del muro de Jerusalén, buscaron a los levitas de todos sus lugares para traerlos a Jerusalén, para hacer la dedicación y la fiesta con alabanzas y con cánticos, con címbalos, salterios y cítaras.
31 Hice luego subir a los príncipes de Judá sobre el muro, y puse dos coros grandes que fueron en procesión; el uno a la derecha, sobre el muro, hacia la puerta del Muladar.
32 E iba tras de ellos Osaías con la mitad de los príncipes de Judá,
38 El segundo coro iba del lado opuesto, y yo en pos de él, con la mitad del pueblo sobre el muro, desde la torre de los Hornos hasta el muro ancho;
40 Llegaron luego los dos coros a la casa de Dios; y yo, y la mitad de los oficiales conmigo,
43 Y sacrificaron aquel día numerosas víctimas, y se regocijaron, porque Dios los había recreado con grande contentamiento; se alegraron también las mujeres y los niños; y el alborozo de Jerusalén fue oído desde lejos.

Senda de Vida/Mamani
©2009 Todos los derechos reservados ITEM 15004
No se permite fotocopiar sin permiso de los editores

Datos sobre el pasaje bíblico

Los primeros versículos del capítulo siete se refieren a disposiciones destinadas a garantizar la seguridad de la ciudad, ahora que el muro se había terminado y las puertas de la ciudad estaban colocadas (v.1). La tarea inmediata era poblarla, como lo había sido en el período anterior al exilio. Según el versículo cuatro, grandes zonas de la ciudad estaban deshabitadas y las casas existentes habían sido en su mayor parte demolidas. Era necesario llevar a los judíos a vivir en la ciudad para el bien de esta y para la gloria de Dios y esto, por supuesto, exigía fe. La dedicación real de las murallas se describe en 12:27-47. Esdras y Nehemías dividieron al pueblo en dos grandes grupos, uno dirigido por Esdras y el otro siguiendo a Nehemías (versículos 31, 36, 38). Quizá empezaron en la puerta del Valle. Esdras guió a su grupo hacia el lado oriental de la ciudad, luego al norte al área del templo. Nehemías y su grupo fueron hacia el norte y luego hacia el este, reuniéndose con el otro grupo en el área del templo. Fue un recordatorio, tal vez, de cuando Israel marchó alrededor de Jericó y ganó una gran victoria. Esta fue una oportunidad de agradecer públicamente al Señor por el trabajo terminado. Los gritos de gozo de la gente, se escuchaban a muchos kilómetros a la redonda (Nehemías 12:43).

¡Es tiempo de empezar!

Seleccione un sitio diferente del aula para reunir a los niños para el tiempo del devocional. Dé la bienvenida a todos con mucha alegría, haga énfasis en los niños que son visitas. Después de orar entone unos cánticos que expresen agradecimiento a Dios. Pase lista y registre la asistencia en el "Cartel de asistencia de Senda de Vida", coloque una estrellita u otro motivo en la casilla correspondiente. Pida que pasen al frente a depositar las ofrendas y haga una oración dedicándola a Dios. Que todos canten un coro mientras caminan de regreso al aula.

Aplicación

¿Has perdido el deseo de orar, de venir a la clase bíblica?, ¿eres desobediente o contestón?, ¿tus maestros y padres te regañan con frecuencia?, ¿qué crees que pasa contigo?, ¿has olvidado que un día aceptaste a Cristo y que Él perdonó tus pecados? Puede ser que nunca lo hayas invitado a morar en tu corazón. El asunto es que todo eso que haces se llama pecado y te ha apartado de Dios, haciéndote vivir fuera de Él. Pero el Señor quiere restaurar tu vida, es decir, limpiar tus pecados para que seas parte de su pueblo y recibas las bendiciones de ser parte de su familia. Cuando nuestro corazón está limpio, sentimos paz, alegría y deseos de adorar a Dios. (Invite a los niños que

Historia bíblica

(Adapte la historia de acuerdo a la edad de sus alumnos. Recomendamos utilizar un lenguaje sencillo para los *Mensajeros*.)

Después de superar los problemas y la oposición de los enemigos, los israelitas por fin lograron edificar el muro de Jerusalén. Años atrás, esta ciudad había sido destruida y sus habitantes desterrados a otros lugares. Nehemías el gobernador dirigió al grupo para reconstruir las murallas, después colocó las puertas de los muros y designó personas para que las protegieran. Pero ahora que el muro estaba construido, Nehemías debía enfrentar otra dificultad: la ciudad estaba deshabitada. —¿Qué había pasado con los primeros judíos que habían regresado?—. La gran mayoría se había refugiado en pueblos alrededor, algunos porque tenían miedo de ser atacados, ya que la ciudad estaba desprotegida. Nehemías entonces se vio en la necesidad de llamarlos para repoblarla. Para asegurarse de que todos los que vivirían allí, fueran realmente judíos, decidió hacer un censo. Una vez que se obtuvieron los resultados, se escogió una persona entre cada diez para vivir en Jerusalén; además de los jefes del pueblo, también hubo muchos que decidieron vivir allí voluntariamente. Cuando Nehemías estuvo seguro que la ciudad estaría poblada y defendida, organizó una gran celebración para dedicar a Dios las nuevas murallas de Jerusalén. Llamó a todos los levitas y a los cantores para hacer la celebración con alabanzas e instrumentos musicales. Una vez que todo estuvo listo y el pueblo reunido, comenzó la ceremonia. Dividió a la multitud en dos grupos: unos marcharon alrededor de la ciudad por la derecha, dirigidos por Esdras y acompañados de levitas, cantores y príncipes de Judá. El otro, tomó el lado contrario; estos iban acompañados de Nehemías. (*Muestre la escena de los levitas caminado alrededor de los muros de Jerusalén.*)

Finalmente, los dos grupos se encontraron y entraron al templo donde celebraron adorando y cantando a Dios con acciones de gracias. Los músicos tocaron sus instrumentos y cada hombre, mujer y niño cantó alabanzas al Señor. Los gritos de júbilo y alegría que el pueblo le expresó a Dios eran tan fuertes, que se escuchaban desde lejos. Con este evento, el pueblo no sólo estaba consagrando los muros, ellos mismos se estaban dedicando a Dios. Esto era un logro que el Señor había obtenido usando a Nehemías como líder, lo que significaba una restauración no sólo física sino espiritual. Esdras y Nehemías hicieron esto, y muchas otras cosas, para que los judíos fueran nuevamente un pueblo y volvieran a amar a Dios.

son cristianos a renovar su fe y a los que no lo son, que acepten a Jesús. Haga una ceremonia en la que los alumnos dediquen a Dios sus vidas, para esto pueden usar todos los elementos de las actividades introductorias.)

Dinámica para el repaso
Pegue en la pizarra todas las escenas usadas en las trece lecciones de esta unidad. Vende los ojos a un niño con un paño, póngalo frente a la pizarra y pida que señale con el dedo una figura. El niño debe identificar cuál lección escogió, para ayudarlo, los demás compañeros deben darle pistas. Después, pase a otros alumnos al frente. Cambie la posición de las figuras cada vez que hay un nuevo participante. Cambie la dinámica para los *Mensajeros* y hágales las preguntas sencillas.

Ejercicio del libro
Distribuya los libros del alumno (o las hojas), y explique lo que van hacer. Pregunte si hay dudas para que las responda. Esta es una etapa para verificar cuánto asimilaron los alumnos. Ayude a los que aún no saben leer o escribir.

Actividades específicas para cada edad

Conquistadores
Actividad introductoria. Lleve a la clase elementos que usan las personas para celebrar algún evento especial como: banderas, pitos, platos, globos, serpentinas, matracas, pinturas para la cara, etc. Coloque todos los materiales en una mesa. Divida la clase en grupos y explique que cada equipo representará la celebración de algún evento especial de la ciudad, escuela, iglesia, etc. Muestre los materiales y déles libertad para que escojan lo que consideren necesario que van a usar para la representación. Si lo desean, pueden inventar alguna porra o lema que ayude a la dramatización. Aclare que no se deben repetir los elementos, ya que cada uno debe ser original, por eso sorteará el orden en que pasarán a la mesa para tomarlos. Luego, cada grupo pasará al frente para hacer su representación. Al terminar, pregunte: "¿Cómo se sintieron? ¿Les gustó? ¿Les agradan las celebraciones? En la clase de hoy hablaremos de una gran celebración que hizo el pueblo de Dios". Sirva torta y refrescos.

Versículo para memorizar. "Hoy os habéis consagrado a Jehová" (Éxodo 32:29).
Lea el texto directamente de la Biblia y explíquelo. Luego dirija a los niños para que hagan un cuadrito para colgar. Copie el versículo con un marcador sobre un pedazo de fieltro rectangular (también puede usar cartón de colores). Tenga pedazos de fieltro o tela de colores diferentes para que decoren el cuadro. Las letras las pueden hacer rellenándolas de escarcha. Una vez terminado, pegue por la parte de atrás un cordoncillo para que puedan colgarlo. Luego, que repitan el texto. (Para otras dinámicas de memorización, consulte el libro *Fácil y divertido, Cómo Memorizar Versículos,* de la serie *Secretos para Enseñar* de Senda de Vida.)

Trabajo opcional. Divida a los estudiantes en grupos. Entregue papel periódico viejo, tijeras y pegamento. Explique que en cinco minutos cada grupo debe formar una cadeneta. El que la haga más larga será el ganador. Premie al ganador con aplausos o caramelos y haga una reflexión de la actividad con estas preguntas. ¿Cooperaron todos? ¿Con qué actitud lo hicieron? ¿Sintieron que lo que hacían era como para el Señor? ¿Qué sintieron al ver que no cumplieron el propósito? ¿Cómo hubieran podido hacer mejor? Diga: "Dios le dio una meta a Nehemías y la cumplió, superando todos los obstáculos". ¿Qué metas o propósitos te ha dado Dios? ¿Cuáles has cumplido? Ore para que Dios cumpla los propósitos que tiene para ellos y que consagren su vida para eso.

Vencedores
Actividad introductoria. Lleve a la clase fotografías de personas celebrando cumpleaños, bodas, aperturas de negocios, inauguración de un puente, edificio, etc. Pida a los niños que los observen y deje que comenten acerca de cómo las personas celebran diferentes eventos y por qué dedican los edificios, las estatuas, etc., a personajes famosos. Aporte nuevos conceptos a los comentarios de

ellos y luego diga que hoy celebraremos porque Dios nos dio la vida y nos salvó. Inicie con una oración y pida que cada niño exprese una frase de gratitud a Dios. Luego, cante uno o dos coros alegres. Reparta el refresco, la torta y ponga música. No tome mucho tiempo en esto, al terminar, limpie y organice el salón. Siéntelos y dígales que hoy hablaremos de una celebración especial que hizo el pueblo de Dios.

Versículo para memorizar. "Hoy os habéis consagrado a Jehová" (Éxodo 32:29). Escriba el versículo en la pizarra. Pida a los niños que hagan un círculo y se tomen de las manos. Ellos darán vueltas mientras repiten dos veces la primera parte del versículo y cuando digan la segunda parte (dos veces también) se agacharán. Repita está dinámica muchas veces hasta que considere que todos lo memorizaron. (Para otras dinámicas de memorización, consulte el libro *Fácil y divertido, Cómo Memorizar Versículos,* de la serie *Secretos para Enseñar* de Senda de Vida.)

Trabajo opcional. Divida la clase en dos grupos. Coloque dos cartulinas blancas sobre la pizarra (una al lado de la otra). Explíqueles que cada grupo debe construir un muro sobre la cartulina que le corresponde. Para esto, tenga preparados una cantidad de ladrillos de papel de construcción color naranja. Comience una competencia donde cada niño tendrá que decir el versículo para memorizar de este estudio o de los tres anteriores. El niño que lo diga gana un ladrillo para su grupo y lo pega en la cartulina. El primero que llene la cartulina de ladrillos (el muro) será el ganador. Anímelos y felicítelos por su participación.

Mensajeros

Actividad introductoria. Si no tiene ayudantes en la clase, pida a dos personas de su congregación para que le colaboren. Explique a los niños que van a preparar el salón para hacer una celebración (después de la historia bíblica). Un grupo se encargará de la decoración y otro de la comida. Uno de los adultos puede ayudar a los niños a colocar guirnaldas, globos, etc. El otro que ayude a preparar bocadillos y a colocar la mesa. Cuando todo esté listo, pregúnteles: "¿Cómo celebran las personas diferentes eventos y por qué?". Aporte nuevos conceptos a los comentarios de ellos, diciendo: "Las personas celebran bodas, cumpleaños, aniversarios y otros eventos. Pero también hay celebraciones para dedicar un nuevo negocio, un edificio, esculturas, etc. En la clase de hoy hablaremos de una celebración especial que el pueblo de Dios tuvo para dedicar una ciudad pero más que nada para dedicar sus vidas".

Versículo para memorizar. "Os habéis consagrado a Jehová" (Éxodo 32:29). Lea el versículo directamente de la Biblia y explíquelo. Designe una acción a cada palabra del versículo (levantar las manos, ponerse de pie, etc.). Pida que hagan la acción mientras lo repiten en voz alta. Repita esta dinámica varias veces hasta que puedan decir el versículo sin los movimientos. (Para otras dinámicas de memorización, consulte el libro *Fácil y divertido, Cómo Memorizar Versículos,* de la serie *Secretos para Enseñar* de Senda de Vida.)

Trabajo opcional. Diga: "¡Qué hermosa celebración tuvo el pueblo de Dios! Con esta ceremonia, no sólo consagraron los muros, ellos mismos se dedicaron a Dios". Dé oportunidad para que los niños repitan una oración dirigida por usted en la que dediquen a Dios sus vidas. Luego, pídale al pastor o algún líder de su grupo que ore por los niños. Después, dígales que consagrar nuestras vidas a Dios es motivo de alegría y de gozo por eso haremos esta celebración. Coloque música infantil, reparta los refrescos, bocadillos, etc. Tome el tiempo necesario para esto, limpie y organice el salón, para luego pasar a la siguiente actividad.

Clausura

Despídalos cantando una alabanza e invítelos a venir a la siguiente clase.

Ayudas visuales

Estudie la lección con anticipación, relaciónese con los personajes y conozca el momento en que presentará la escena bíblica.

Unidad II: Dios nos cuida

14 Dios escucha el llanto de Ismael

Base bíblica
Génesis 16:15; 21:14-20

Versículo para memorizar
Para Conquistadores: "Escucha, oh Jehová, mis palabras; Considera mi gemir. Está atento a la voz de mi clamor" (Salmo 5:1,2).
Para Vencedores y Mensajeros: "Jehová… Está atento a… mi clamor" (Salmo 5:1,2).

Verdad central
Dios escucha nuestro clamor y nos provee una solución.

Objetivos
Con este estudio se espera que los alumnos puedan:
1. Saber que Dios escucha nuestras oraciones.
2. Reconocer que Dios provee para sus necesidades.
3. Confiar en las promesas de Dios.

Materiales
Conquistadores: Biblia, libro de figuras, libro del alumno, papel, láminas del desierto, lápices, tijera, pegamento y juego de tiro al blanco.
Vencedores: Biblia, libro de figuras, libro del alumno, hojas de papel, lápices negros y de colores, tijeras y pegamento.
Mensajeros: Biblia, libro de figuras, libro del alumno, papel, lápices, tijeras, pegante, escarcha, papel de construcción, papel celofán y cántaros.

Lectura bíblica
Génesis 16:15 Y Agar dio a luz un hijo a Abram, y llamó Abram el nombre del hijo que le dio Agar, Ismael.
21:14 Entonces Abraham se levantó muy de mañana, y tomó pan, y un odre de agua, y lo dio a Agar, poniéndolo sobre su hombro, y le entregó el muchacho, y la despidió. Y ella salió y anduvo errante por el desierto de Beerseba.
15 Y le faltó el agua del odre, y echó al muchacho debajo de un arbusto,
16 y se fue y se sentó enfrente, a distancia de un tiro de arco; porque decía: No veré cuando el muchacho muera. Y cuando ella se sentó enfrente, el muchacho alzó su voz y lloró.
17 Y oyó Dios la voz del muchacho; y el ángel de Dios llamó a Agar desde el cielo, y le dijo: ¿Qué tienes, Agar? No temas; porque Dios ha oído la voz del muchacho en donde está.
18 Levántate, alza al muchacho, y sostenlo con tu mano, porque yo haré de él una gran nación.
19 Entonces Dios le abrió los ojos, y vio una fuente de agua; y fue y llenó el odre de agua, y dio de beber al muchacho.
20 Y Dios estaba con el muchacho; y creció, y habitó en el desierto, y fue tirador de arco.

Datos sobre el pasaje bíblico
Sara tenía aproximadamente 76 años cuando dio, su sierva egipcia Agar, como concubina a Abraham, para que procreara, ya que ella era estéril. Esta era una práctica común en ese tiempo. Una mujer casada, que no pudiera tener hijos,

era avergonzada por sus semejantes y a menudo daba su sierva a su marido, para poder tener herederos. Los niños nacidos de la sierva eran considerados hijos de la esposa. Abraham actuó conforme a la costumbre, pero fuera de la voluntad de Dios. Por otro lado, la servidumbre debía respetar y estar sumisa a sus amos. El nombre de Agar significa "errante". Agar se volvió arrogante, amargando de esa manera a Sara. La actitud irrespetuosa de la sierva no estaba de acuerdo a la costumbre. A su tiempo nació el hijo de la sierva, a quien su padre puso por nombre Ismael, que significa "Dios oye". Años después, nació Isaac, el hijo de la promesa (de Abraham y Sara), cuyo significado es "risa". La rivalidad entre los dos hijos provocó que Sara le pidiera a su esposo que despidiera a Agar y a su hijo. Ellos se marcharon al desierto de Beerseba. Con la ayuda de Dios, sobrevivieron; Ismael creció en ese lugar y se casó con una egipcia (Génesis 21:3-21). Fue conocido como un excelente arquero y cazador. Fue padre de doce hijos, que llegaron a ser líderes de tribus guerreras (Génesis 17:20; 25:12-16) que moraban en el norte de Arabia. Todos los árabes se proclaman descendientes de Ismael.

¡Es tiempo de empezar!

A medida que los alumnos lleguen, salúdelos por nombre y haga que se sientan importantes; esto hará que participen más durante la clase. Dé una cordial bienvenida a los visitantes. Inicie un tiempo de alabanza con cánticos del agrado de los alumnos. Acompañe la alabanza con CD o videos, y observará cómo sus alumnos participan activamente. Guíelos a meditar en las cosas sencillas que Dios ha provisto para ellos o sus familias y dé libertad para que lo comenten en voz alta. Seguidamente, escoja a dos niños para que le ayuden a recoger las ofrendas. Diga a sus alumnos que el ofrendar es algo que se debe hacer con alegría, porque Dios ama al dador alegre.

Historia bíblica

(Adapte la historia de acuerdo a la edad de sus alumnos. Recomendamos utilizar un lenguaje sencillo para los *Mensajeros*.)

Hace mucho tiempo, en el hogar de Abraham y Sara, vivía Agar, una sierva egipcia. Abraham la había tomado por esposa sustituta; esa era una costumbre de aquella época. Cuando la esposa era estéril, pedía a su esclava que le diera hijos. Así que ella le dio un hijo a Sara, al que llamó Ismael. Pero con el tiempo, Sara dio a luz un hijo que le causó gran alegría. Un día, mientras celebraban un banquete en honor a Isaac, Ismael, el hijo de Agar, se burló de él y Sara se enojó mucho. Así que, le pidió a Abraham que echara a Agar y a su hijo. Abraham preparó lo necesario para que ellos se fueran de su lado. Temprano, por la mañana, les dio comida, un cántaro de agua y los despidió. Ella y el muchacho anduvieron errantes por el desierto de Beerseba. (Si tiene un mapa bíblico grande señáleles el lugar.) Caminaron bastante y el calor los sofocaba día tras día. Pero el agua que tenían en el cántaro saciaba su sed y la comida los fortalecía para seguir su camino. Sin embargo, un día, el agua se terminó. Agar se preocupó mucho, no sabía qué hacer. Su hijo tenía mucha sed y comenzaba a debilitarse. Miró a su alrededor y no había agua por ningún lado. Ismael se debilitó por la falta de agua, y ya no podía más; sus labios resecos pedían: ¡Agua, agua! Ella pensó: "¡Oh, no! Yo no quiero ver morir a mi hijo". Así que, lo puso debajo de un arbusto y postrada en el suelo, lloraba tristemente. Entre tanto, el muchacho clamaba débilmente: "Tengo sed, tengo sed". Las lágrimas de Agar caían sobre aquella arena. Estaba sola, desamparada y sin esperanza de sobrevivir. Y cuando ella se sentó enfrente de su hijo, el muchacho alzó su voz y lloró.

Dios oyó el llanto del muchacho; y el ángel de Dios llamó a Agar desde el cielo, y le dijo:

— "Levántate y alza a tu hijo, pues haré de él una gran nación". ¡Dios había escuchado a Ismael! Rápidamente Agar cobró ánimo, pues reconoció la voz del que le hablaba. Así que, levantó al muchacho y Dios le mostró una fuente de agua. Ella corrió, llenó su cántaro y le dio de beber al muchacho.

(*Muestre la escena de Agar y su hijo.*) ¡Dios proveyó agua en medio del desierto! Por eso Agar llamó a aquel pozo de agua: "El pozo del Viviente que me ve". Fue así como Dios preservó la vida de Ismael.

Aplicación

El agua es un líquido muy preciado, especialmente donde hay escasez. El desierto fue el lugar de prueba para Agar y su hijo. Pero aprendieron que Dios suple las necesidades en todo lugar. Así sucede con el cristiano, Dios cuida de él siempre. Él conoce las necesidades de las personas, ya sean grandes o pequeñas. Sólo tienes que pedirle que te ayude y el actuará en tu favor de acuerdo a su voluntad.

Dinámica para el repaso
Divida la clase en dos grupos. Un alumno del primer grupo piensa en una pregunta y escoge a alguien del equipo contrario para que la conteste. Si la responde, se le dan 10 puntos y si la contesta otro del mismo grupo, sólo se le dan 5. Luego el grupo que pregunta responde y viceversa. Continúe el juego hasta agotar las preguntas. Gana el que tenga más puntos. Para los *Mensajeros* diga una pregunta y el que la sepa que la responda.
1. ¿Cómo se llamaba el hijo de Agar? *Ismael.*
2. ¿Por cuál desierto anduvo ella errante con su hijo? *Por el desierto de Beerseba.*
3. ¿Qué se les terminó en aquel desierto? *El agua que llevaban en el cántaro.*
4. ¿Quién escuchó la voz del muchacho? *Dios.*
5. ¿Qué les proveyó Dios a Agar e Ismael en el desierto? *Agua.*

Ejercicio del libro
Lea las instrucciones clara y pausadamente, de manera que todos comprendan lo que han de realizar. Permítales trabajar en orden y en silencio.

Actividades específicas para cada edad

Conquistadores
Actividad introductoria. Lleve a la clase dibujos o láminas del desierto (puede presentarlas en la computadora si tiene una en el salón o llevar una portátil).
Pregunte a los niños: "¿Qué saben acerca del desierto? ¿Qué tipo de vegetación crece allí? ¿Qué son las dunas? ¿Cómo se forman? ¿Qué es un oasis? ¿Hay abundante o poca agua?, etc.". Permita que los niños hablen acerca de la escasez de agua que hay en el desierto y lo valioso que es encontrar una fuente o pozo de agua. Permítales que narren historias que conozcan acerca de este tema. Concluya diciendo que el cuerpo necesita agua para hidratarse cada día, ya que esta contiene nutrientes importantes para la subsistencia de las personas.
Seguidamente, comente que la Biblia narra la historia de unas personas que casi mueren en el desierto por falta de agua y cómo Dios proveyó para ellos.

Versículo para memorizar. "Escucha, oh Jehová, mis palabras; Considera mi gemir. Está atento a la voz de mi clamor" (Salmo 5:1,2). Pida a un alumno que escriba el versículo en la pizarra y luego todos lo leerán en voz alta varias veces. Después, divida la clase en dos grupos: el primero se pondrá de pie y dirá la primera parte; luego se sentará y se levantará el segundo grupo que dirá la segunda parte, y todos al unísono dirán la cita bíblica. Cambie los grupos, de manera que puedan memorizar el versículo completo; finalmente, vaya borrando partes del mismo para verificar el aprendizaje. Recuérdeles la importancia de guardar la Palabra de Dios en sus corazones. (Para otras dinámicas de memorización, consulte el libro *Fácil y divertido, Cómo Memorizar Versículos,* de la serie *Secretos para Enseñar* de Senda de Vida.)

Trabajo opcional. Pida que dramaticen la escena de Agar en el desierto, según el desarrollo de la historia. Asigne los personajes (Ismael, Agar y la voz que le habla). Enfatice la provisión de Dios en medio del desierto.

Vencedores
Actividad introductoria. Lleve a la clase recortes de figuras de personas en diferentes condiciones (deportistas, niños jugando, enfermos, ancianos, etc.) y una cartulina con el título: "Dios escucha el llanto de Ismael". Pida a los alumnos que peguen las figuras de las personas que ellos crean que tengan sed. Al ir pegando cada figura, refiérase a la misma y pregunte por qué creen que tienen sed. Luego comente que el agua es un líquido muy preciado especialmente en el desierto. Nuestro cuerpo necesita hidratarse cada día, por eso tomamos agua; porque tiene nutrientes que son importantes para poder vivir.

Versículo para memorizar. "Jehová… Está atento a… mi clamor" (Salmo 5:1,2). Dé una breve explicación del versículo. Reparta hojas, lápices y colores. Dígales que escriban el versículo y que lo ilustren por medio de un dibujo. Mientras trabajan, haga que lo repitan hasta memorizarlo. Recuérdeles la importancia de guardar la Palabra de Dios en sus corazones. (Para otras dinámicas de memorización, consulte el libro *Fácil y divertido, Cómo Memorizar Versículos,* de la serie *Secretos para Enseñar* de Senda de Vida.)

Trabajo opcional. Los niños harán una historia en caricatura sobre la historia bíblica. Entrégueles una hoja de papel, lápices y colores. Dé libertad para que ellos desarrollen su creatividad inventándola a su gusto. Explíqueles que premiará a las tres historietas más originales. Al terminar, cada uno exhibirá su trabajo y los demás votarán por los dibujos de sus compañeros. Los premios pueden ser a su gusto y según sus condiciones, pero recuerde que cualquier detalle que les entregue, como un dulce, calcomanías, etc., será una buena forma de estimularlos.

Mensajeros

Actividad introductoria. Para la actividad de hoy necesitará papel construcción, figuras de cántaros (una para cada niño), tijeras, pegamento y colores. Entregue un pedazo de papel de construcción y el dibujo del cántaro a cada niño. Dígales que recorten el cántaro y lo peguen en el papel, y luego lo pinten con colores. Mientras trabajan hábleles de las propiedades del agua y de lo necesaria que es para que podamos vivir. Ayúdelos a escribir su nombre y deje que se sequen los trabajos. A continuación dígales: "Hoy les quiero contar la historia de un muchacho a quien se le acabó el agua de su cántaro. ¿Qué creen que hizo? Presten mucha atención y lo sabrán".

Versículo para memorizar. "Jehová… Está atento a… mi clamor" (Salmo 5:1,2). Para que a los niños se les facilite aprender el texto, cambie la palabra *Jehová* por *Dios,* ya que la primera es difícil de pronunciar para ellos. Explique el versículo y pida que lo repitan varias veces, mientras caminan por el patio o salón. (Para otras dinámicas de memorización, consulte el libro *Fácil y divertido, Cómo Memorizar Versículos,* de la serie *Secretos para Enseñar* de Senda de Vida.)

Trabajo opcional. Reparta lápices, escarcha, pegamento y papel con las palabras "Dios contesta la oración". Ayúdeles a delinear su mano derecha sobre la hoja, como si tuvieran sus manitas en posición de oración y dígales que la decoren a su gusto.

Clausura

Haga un resumen breve de la clase. Permítales hacer preguntas. Si usted se ha preparado bien, podrá contestar fácilmente. Invítelos a ponerse de pie y a tomarse de las manos para terminar con una oración.

Ayudas visuales

Recorte la figura. Prepárese, ya sea con el franelógrafo o el tablero, para su exposición. En la historia bíblica se le da una guía de cuándo mostrar la figura. La preparación hace que los alumnos entiendan mejor la historia y la recuerden fácilmente.

Unidad II: Dios nos cuida

15 ¡Corre Lot, corre!

Base bíblica
Génesis 19

Versículo para memorizar
Para Conquistadores: "Porque la paga del pecado es muerte, mas la dádiva de Dios es vida eterna en Cristo Jesús Señor nuestro" (Romanos 6:23).
Para Vencedores y Mensajeros: "La paga del pecado es muerte" (Romanos 6:23).

Verdad central
Dios ama a todas las personas, pero aborrece y castiga el pecado.

Objetivos
Al concluir el estudio, los alumnos serán capaces de:
1. Conocer por qué Dios destruyó a Sodoma y Gomorra.
2. Reconocer que el pecado no agrada a Dios.
3. Renunciar a todo pecado y confesarlo ante Jesús.

Materiales
Conquistadores: Biblia, libro del alumno, libro de figuras, una pelota, recortes de periódico o revistas y papel construcción de diferentes colores.
Vencedores: Biblia, libro del alumno, libro de figuras, una pelota, calcomanías, panderos, avisos de advertencia, cartón, marcadores, pegamento, alambre de estambre y cordoncillo dorado.
Mensajeros: Biblia, libro del alumno, libro de figuras, señales de tránsito, una pelota, papeles de colores y merienda.

Lectura bíblica
Génesis 19:1 Llegaron, pues, los dos ángeles a Sodoma a la caída de la tarde; y Lot estaba sentado a la puerta de Sodoma. Y viéndolos Lot, se levantó a recibirlos, y se inclinó hacia el suelo,
2 y dijo: Ahora, mis señores, os ruego que vengáis a casa de vuestro siervo y os hospedéis, y lavaréis vuestros pies; y por la mañana os levantaréis, y seguiréis vuestro camino. Y ellos respondieron: No, que en la calle nos quedaremos esta noche.
3 Más él porfió con ellos mucho, y fueron con él, y entraron en su casa; y les hizo banquete, y coció panes sin levadura, y comieron.
4 Pero antes que se acostasen, rodearon la casa los hombres de la ciudad, los varones de Sodoma, todo el pueblo junto, desde el más joven hasta el más viejo.
5 Y llamaron a Lot, y le dijeron: ¿Dónde están los varones que vinieron a ti esta noche? Sácalos, para que los conozcamos.
6 Entonces Lot salió a ellos a la puerta, y cerró la puerta tras sí,
7 y dijo: Os ruego, hermanos míos, que no hagáis tal maldad.
12 Y dijeron los varones a Lot: ¿Tienes aquí alguno más? Yernos, y tus hijos y tus hijas, y todo lo que tienes en la ciudad, sácalo de este lugar;
13 porque vamos a destruir este lugar, por cuanto el clamor contra ellos ha subido de punto delante de Jehová; por tanto, Jehová nos ha enviado para destruirlo.
15 Y al rayar el alba, los ángeles daban prisa a Lot, diciendo: Levántate, toma tu mujer, y tus dos hijas que se hallan aquí, para que no perezcas en el castigo de la ciudad.
16 Y deteniéndose él, los varones asieron de su mano, y de la mano de su mujer y de las manos de sus dos hijas, según la misericordia de Jehová para con él; y lo sacaron y lo pusieron fuera de la ciudad.
25 y destruyó las ciudades, y toda aquella llanura, con todos los moradores de aquellas ciudades, y el fruto de la tierra.

Datos sobre el pasaje bíblico

Los ángeles que Dios envió llegaron a Sodoma. Lot estaba a la puerta de la ciudad, lugar donde se reunían los hombres después del trabajo diario. Lot saludó y ofreció hospedaje a los extranjeros. Cediendo ante su insistencia, los ángeles fueron tratados con generosa hospitalidad. Antes de entregarse al reposo, Lot y sus nuevos amigos se dieron cuenta de que había una conmoción en las afueras de la casa. Era una multitud de varones de Sodoma, de todas las edades, enardecidos de sensualidad bestial. El famoso pecado de la ciudad se estaba manifestando en toda su bajeza. Los ángeles ya no necesitaron proseguir con la investigación; la condición moral de Sodoma estaba suficientemente probada; por lo tanto, urgieron a Lot para que avisara a todos los de su familia, incluyendo los yernos, que se prepararan para huir. La inminencia del juicio ya era incuestionable. Lot obedeció, pero se encontró con el desaire de sus yernos. La destrucción de Sodoma y Gomorra fue terrible. El texto no menciona un terremoto pero es posible que haya ocurrido uno, liberando los gases explosivos de la tierra, que al mezclarse con los depósitos de azufre de la zona, crearon una escena espantosa.

¡Es tiempo de empezar!

Acondicione el salón de clases para que cuando los alumnos lleguen se sientan en un ambiente agradable. Dé la bienvenida a los niños mientras sonríe y los llama por sus nombres. Diríjalos en una oración agradeciendo a Dios por estar una vez más en su casa para adorarlo. Invíteles a alabar y adorar al Señor a través de los cantos. Asigne a un niño para que reciba la ofrenda, y otro que ore por la misma. Mientras ofrendan pueden cantar un coro conocido.

Aplicación

Haga un comentario de la situación actual de las personas que quieren vivir como la gente de Sodoma y Gomorra (en homosexualidad y conductas desordenadas). Hoy en día se han dado a conocer libremente alrededor del mundo la homosexualidad y otros pecados como algo normal que hay que aceptar. Pero el Señor está en contra de esto, porque Él aborrece el pecado, y el que lo practica, recibe el castigo de vivir alejado de Dios; pero el que hace lo que le agrada, recibe su bendición y protección. El Señor quiere que ustedes sean niños santos, apartados de la maldad y la corrupción que el mundo ofrece.

Dinámica para el repaso

Necesitará una pelota pequeña. Pida a los niños que se sienten en círculo. Explique que usted va a decir una letra

Historia bíblica

(*Adapte la historia de acuerdo a la edad de sus alumnos. Recomendamos utilizar un lenguaje sencillo para los Mensajeros.*)

La Biblia nos habla de dos ciudades vecinas que, aunque eran las más importantes de la llanura del valle de Sidim (*muestre estos lugares en un mapa bíblico*), sus nombres son conocidos no por su arte, comercio o riqueza, sino por su maldad y pecado. Los nombres de ellas eran: Sodoma y Gomorra. Los habitantes de estas ciudades se habían alejado de Dios y por eso su comportamiento era despreciable, hacían cosas que el Señor aborrecía y que les había prohibido hacer. Dice la Biblia que el pecado era tanto que había llegado hasta la presencia de Dios. Un día Jehová vio que la maldad y desobediencia de ellos había llegado a un límite tal, que tenía que parar y decidió destruirlas. Sin embargo, no olvidó que allí había un hombre llamado Lot, que se mantenía fiel a Él en medio de tanta perversidad, así que envió dos ángeles a rescatarlo. Estos dos seres llegaron a Sodoma. Al verlos, Lot se inclinó ante ellos en reverencia y les brindó su hospitalidad. (*Explique que en el Oriente era costumbre ser buenos y hospitalarios con los huéspedes, y se debía proteger la vida de estos.*) Mientras tanto, al frente de la casa de Lot se reunió una gran multitud de hombres inmorales que le gritaban a Lot que dejara salir a sus visitantes. ¡Querían someterlos a sus deseos perversos! La gran mayoría de ellos eran homosexuales, es decir, que les gustaban las personas del mismo sexo, y esto es algo que no agradaba ni agrada a Dios. (*Explique estos comportamientos en un lenguaje adecuado para sus alumnos, usando situaciones actuales como ejemplo. Para los más pequeños omita esta explicación.*) Los visitantes, que eran ángeles enviados por Dios, le dijeron a Lot: —Toma a tus hijos, hijas y yernos y sácalos de esta ciudad; llévatelos lejos porque este lugar será destruido por Dios—. Rápidamente Lot fue a decirle a sus yernos:

—¡Muchachos, levántense y huyamos de aquí, porque Jehová Dios destruirá esta ciudad!—. Pero sus yernos no tomaron en serio lo que Lot les decía. Cuando estaba amaneciendo, los ángeles despertaron a Lot diciendo:

—¡Apúrate! Levántate, corre y llévate de aquí a tu esposa y tus dos hijas, si no quieres morir cuando castiguemos la ciudad—.

Pero como se demoraban, los ángeles los tomaron de las manos y los sacaron de la ciudad para ponerlos a salvo. Entonces les dijeron: —"Corran, huyan de aquí y no vuelvan atrás". (*Muestre la escena de Lot y su familia saliendo de la ciudad.*)

Mientras ellos corrían hacia las montañas, el Señor hizo llover fuego y azufre sobre Sodoma y Gomorra, destruyendo a todos los que en ellas habitaban y lo que existía en aquel valle. Dios tuvo compasión de Lot y su familia, y sólo ellos se salvaron del castigo divino. Esto nos enseña que ser fieles a Dios y obedecerle a tiempo produce buenos resultados.

y va a tirar la pelota; el que la reciba debe decir el nombre de una ciudad que comience con esa letra. El que recibió la pelota, debe tirarla a otro compañero y mencionar otra letra. El juego continúa de la misma manera. El que se equivoque responde una pregunta. Inicie con una nueva letra cada vez. Para los *Mensajeros:* Diga la pregunta, tire la pelota y el que la reciba la responde.

1. ¿Cómo se llamaban las ciudades que destruyó Jehová? *Sodoma y Gomorra.*
2. ¿Quién era el único hombre fiel en esas ciudades? *Lot.*
3. ¿Quiénes eran los visitantes que llegaron a la casa de Lot? *Ángeles.*
4. ¿Por qué destruyó Dios esas ciudades? *Porque el pecado había llegado hasta su presencia.*
5. ¿Qué le dijeron los ángeles a Lot y a su familia? *Que salieran y huyeran porque las ciudades serían destruidas.*

Ejercicio del libro

Los ejercicios sirven para reforzar la enseñanza. Entregue las hojas o el libro a cada niño y explíqueles lo que van a hacer. Bríndeles ayuda en caso de que alguno de los alumnos la requiera. Anímelos a trabajar armoniosamente.

Actividades específicas para cada edad

Conquistadores

Actividad introductoria. Consiga recortes de revistas o periódicos con fotografías de ciudades destruidas por causa de incendios, terremotos, o de un volcán que haya hecho erupción. Déles oportunidad para comentar acerca de las diferentes catástrofes ocurridas y para que expresen su opinión acerca de los hechos. Cuando ellos terminen, diga que a veces pensamos que Dios es injusto por permitir que ocurran estos desastres, pero lo cierto es que no podemos juzgar a Dios por los desastres que ocurren, ya que muchas veces suceden por causa del pecado y la desobediencia del hombre. Hoy estudiaremos la historia de Sodoma y Gomorra, dos ciudades que el Señor destruyó por causa del pecado.

Versículo para memorizar. "Porque la paga del pecado es muerte, mas la dádiva de Dios es vida eterna en Cristo Jesús Señor nuestro" (Romanos 6:23). Invite a sus alumnos a redactar lo que entienden del versículo. Luego pídales a algunos que lo expliquen con sus propias palabras. Acláreles cualquier punto que no hayan comprendido. Una vez que constate que lo entendieron, realice ejercicios de repetición; pida que varios lo reciten, que primero lo digan las niñas y luego que lo digan los niños. Cuando ellos entiendan la idea general del versículo y puedan repetirlo, lo fijarán mejor. (Para otras dinámicas de memorización, consulte el libro *Fácil y divertido, Cómo Memorizar Versículos,* de la serie *Secretos para Enseñar* de Senda de Vida.)

Trabajo opcional. Explique a los niños el plan de salvación de una manera ilustrada; puede usar el "libro sin palabras" o cualquier otro sistema. El libro sin palabras se confecciona de la siguiente manera: pegue hojas de papel construcción en el siguiente orden: portada y contraportada: dorado o amarillo. Primera hoja: negro; segunda: rojo; tercera: blanco; cuarta: verde. Explique el significado de cada color: negro: pecado; rojo: la sangre de Cristo que nos limpia; blanco: un corazón después de haber sido lavado por la sangre de Cristo; verde: la paz que reciben los que tienen a Cristo; dorado: la ciudad de oro en la que habitarán los cristianos. Termine haciendo un llamado a aquellos que no han recibido a Jesús para que lo acepten como su Salvador personal.

Vencedores:

Actividad introductoria. Escriba y dibuje en cartulina algunos avisos de advertencia como por ejemplo: "Sigue adelante", "Sitio peligroso, no entres", "Peligro: perro bravo", etc. Pida al asistente de la clase o a otra persona que lleve a los alumnos, por un breve momento, fuera del aula, mientras usted coloca los avisos en distintas partes del salón. Al regresar los niños pida que lean los avisos y que comenten acerca de los mismos. Pregunte: "¿Para qué sirven los avisos de advertencia? ¿Han visto algunos? ¿Dónde? ¿Los respetaron? ¿Qué sucede si entramos en un lugar desconocido que tiene un letrero: 'No entrar, perro bravo'?". Explique que los letreros de advertencia o precaución son de gran beneficio porque si los obedecemos pueden librarnos de problemas, accidentes o salvar nuestra vida. En la historia de hoy conocerán de una familia que fue librada por haber obedecido al aviso que Dios les envió.

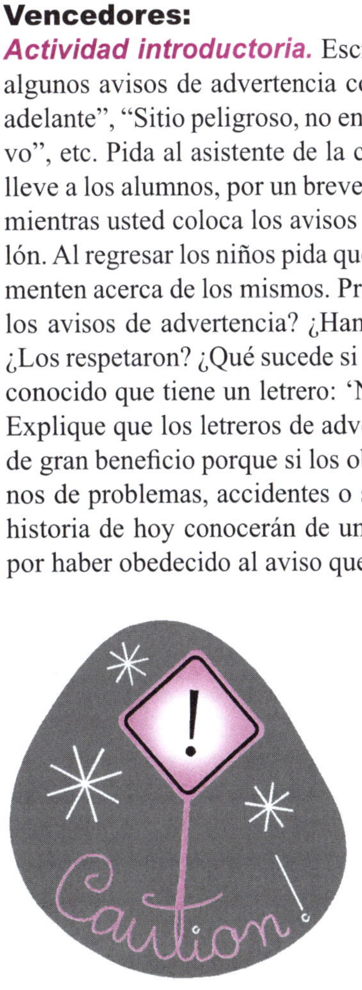

Versículo para memorizar. "La paga del pecado es muerte" (Romanos 6:23). Dirija a los niños para que hagan escarapelas que colocarán en el pecho. Haga una circunferencia de cartulina color blanco de una y media pulgadas de diámetro. Deberán escribir el versículo alrededor, y en la parte inferior la cita bíblica. Déles calcomanías pequeñas y colores para que decoren su escarapela. Mientras trabajan podrán repetir el versículo. Cuando hayan finalizado, pida que se coloquen sus escarapelas y repitan el versículo al unísono. (Para otras dinámicas de memorización, consulte el libro *Fácil y divertido, Cómo Memorizar Versículos,* de la serie *Secretos para Enseñar* de Senda de Vida.)

Trabajo opcional. Los niños harán como manualidad al "ángel que ayudó a Lot". Necesitará: cartón fuerte color blanco, marcador negro, pegamento, dos mantelitos de adorno de papel color blanco, alambre de estambre color oro y cordoncillo dorado. Para el procedimiento vea el Libro *Manualidades Bíblicas #2*, página 9. Diga a los niños que así como Dios envió a un ángel para librar a Lot, también envía a sus ángeles para librarnos del mal.

Mensajeros

Actividad introductoria. Haga en cartulina las señales de tránsito más conocidas (pare, semáforo, una flecha, etc.). Pegue en la pizarra las señales y permita que los niños digan lo que significa cada una. Si no lo saben, explíqueselas. Luego pregunte qué pasa cuando los conductores o peatones no hacen caso a estos letreros. ¿Cómo son afectados? (Otra variación de esta actividad la puede observar en el libro *Ideas Creativas* de Senda de Vida.) Explique que la desobediencia siempre trae consecuencias negativas. En la clase de hoy sabremos qué le pasó a dos ciudades cuyos habitantes eran desobedientes, y qué sucedió con el único hombre que obedeció a Dios.

Versículo para memorizar. "La paga del pecado es muerte" (Romanos 6:23). Después de repetir el versículo dos veces, pida que se sienten en fila (uno al lado del otro). Diga en voz baja la primera palabra del versículo al primer alumno de la fila; este se la dirá al que está a su derecha y así sucesivamente cada uno pasará la palabra a su compañero. Después, diga la primera y segunda palabra al primer alumno para que se las diga al compañero y que continúe la cadena. Repita lo mismo con las demás palabras, pero agregando las anteriores. Si alguien las dice mal, debe repetirlas hasta que lo haga correctamente, y así evitará que los demás repitan los errores. Con esta dinámica pueden aprender el versículo fácilmente. (Para otras dinámicas de memorización, consulte el libro *Fácil y divertido, Cómo Memorizar Versículos,* de la serie *Secretos para Enseñar* de Senda de Vida.)

Trabajo opcional. Explique a los niños el plan de salvación de una manera ilustrada; puede usar el "libro sin palabras" o cualquier otro sistema. El libro sin palabras se confecciona de la siguiente manera: pegue hojas de papel construcción en el siguiente orden: portada y contraportada: dorado o amarillo. Primera hoja: negro; segunda: rojo; tercera: blanco; cuarta: verde. Explique el significado de cada color: negro: pecado; rojo: la sangre de Cristo que nos limpia; blanco: un corazón después de haber sido lavado por la sangre de Cristo; verde: la paz que reciben los que tienen a Cristo; dorado: la ciudad de oro en la que habitarán los cristianos. Termine haciendo un llamado para que acepten a Jesús como su Salvador personal aquellos que no lo han recibido.

Clausura

Resuma la lección y pregúnteles qué aprendieron. Permítales hacer preguntas y recuérdeles que Dios ama al pecador pero aborrece el pecado. Motívelos a orar para dar gracias al Señor por perdonarnos.

Ayudas visuales

Recorte la figura y muéstrela en el momento que lo indica la historia bíblica. Recuerde que debe estudiar la lección con anticipación ya que esto le dará seguridad y dominio durante la clase.

Unidad II: Dios nos cuida

16 ¡Golpea la roca!

Base bíblica
Éxodo 6:2-7; 17:1-7

Verdad central
Dios ha prometido cuidarnos y así lo hará, porque Él es fiel a sus promesas.

Versículo para memorizar
Para Conquistadores: "Jehová te pastoreará siempre, y en las sequías saciará tu alma, y dará vigor a tus huesos; y serás como manantial de aguas, cuyas aguas nunca faltan" (Isaías 58:11).
Para Vencedores y Mensajeros: "Tú responderás… Dios mío" (Salmo 38:15).

Objetivos
Al terminar la clase los alumnos podrán:
1. Conocer cómo Dios proveyó agua para su pueblo en el desierto.
2. Confiar en que Dios les dará lo que les ha prometido.
3. Testificar de algunas promesas que Dios ha hecho realidad en sus vidas.

Materiales
Conquistadores: Biblia, libro del alumno, libro de figuras, mapa # 2 de Senda de Vida, lápices, botella de agua vacía, jarra con agua y vasos.
Vencedores: Biblia, libro del alumno, libro de figuras, láminas o fotografías, una botella de agua sin etiqueta, un dibujo de Jesús, marcadores de colores, papel adhesivo transparente (con-tac) y merienda.
Mensajeros: Biblia, libro del alumno, libro de figuras, láminas, plastilina azul, arena decorativa y pegamento.

Lectura bíblica
Éxodo 6:2 Habló todavía Dios a Moisés, y le dijo: Yo soy Jehová.
6 Por tanto, dirás a los hijos de Israel: Yo soy Jehová; y yo os sacaré de debajo de las tareas pesadas de Egipto, y os libraré de su servidumbre, y os redimiré con brazo extendido, y con juicios grandes;
7 y os tomaré por mi pueblo y seré vuestro Dios; y vosotros sabréis que yo soy Jehová vuestro Dios, que os sacó de debajo de las tareas pesadas de Egipto.
17:1 Toda la congregación de los hijos de Israel partió del desierto de Sin por sus jornadas, conforme al mandamiento de Jehová, y acamparon en Refidim; y no había agua para que el pueblo bebiese.
2 Y altercó el pueblo con Moisés, y dijeron: Danos agua para que bebamos. Y Moisés les dijo: ¿Por qué altercáis conmigo? ¿Por qué tentáis a Jehová?
3 Así que el pueblo tuvo allí sed, y murmuró contra Moisés, y dijo: ¿Por qué nos hiciste subir de Egipto para matarnos de sed a nosotros, a nuestros hijos y a nuestros ganados?
4 Entonces clamó Moisés a Jehová, diciendo: ¿Qué haré con este pueblo? De aquí a un poco me apedrearán.
5 Y Jehová dijo a Moisés: Pasa delante del pueblo, y toma contigo de los ancianos de Israel; y toma también en tu mano tu vara con que golpeaste el río, y vé.
6 He aquí que yo estaré delante de ti allí sobre la peña en Horeb; y golpearás la peña, y saldrán de ella aguas, y beberá el pueblo. Y Moisés lo hizo así en presencia de los ancianos de Israel.
7 Y llamó el nombre de aquel lugar Masah y Meriba, por la rencilla de los hijos de Israel, y porque tentaron a Jehová, diciendo: ¿Está, pues, Jehová entre nosotros, o no?

Datos sobre el pasaje bíblico

Dios le recuerda a Israel sus promesas y el pacto que hizo con sus antepasados (Éxodo 6:1-4), su interés personal (6:5) y sus promesas fieles (6:6-8). El valor de la promesa estaba en el Dios que la respaldaba. *Yo soy Jehová* (v.2), sus antepasados lo conocían como el Dios omnipotente (v.3), el Dios de poder. Aquí por el contrario, la idea fundamental de Jehová es la de un ser absoluto, eterno, ilimitado, independiente. Esta nueva revelación describía a Dios como aquel que está comprometido con un pacto (v.4) con su pueblo. El pueblo criticó a Moisés y murmuró contra Dios, en realidad estaban "tentando al Señor" con su actitud, porque estaban diciendo que Dios no los cuidaba y que no los ayudaría. Con sus repetidas quejas sometían a prueba su paciencia. El Señor instruyó a Moisés para que tomara su vara y golpeara la roca y de ella saldría agua. El orden aquí es maravilloso: en el capítulo 16 tenemos el maná que ilustra la venida de Cristo a la tierra; en el capítulo 17 tenemos la roca golpeada, que muestra su muerte en la cruz. El agua es un símbolo del Espíritu Santo, que fue dado después de que Cristo fue glorificado (Juan 7:37-39).

¡Es tiempo de empezar!

Antes de la clase, prepare los materiales que necesitará. Reciba a los niños con entusiasmo y procure llamarlos por sus nombres. Hágales preguntas referentes a sus intereses personales, por ejemplo: ¿cómo te va en el equipo de fútbol? ¿Cuándo juegan? ¿Cómo sigue tu abuelita? ¿Mejoró tu perro?, etc. Recuerde que es importante la comunicación que tenga con sus alumnos y esta sólo se logra dialogando con ellos. Inicie la clase orando y luego, diríjales en algunos cantos relacionados con el tema de la clase. Pida a un voluntario que haga la lectura bíblica. Coloque el platillo de la ofrenda al frente, para que todos pasen a depositarlas. Como introducción a la siguiente actividad, haga un repaso de la clase anterior.

Aplicación

Prepare con anticipación un cartel que contenga dibujos que muestren los diferentes usos que se le da al agua (para el baño, riego, lavado, etc.). Enseñe el cartel a los niños y pídales que comenten acerca de los diferentes usos del agua. Tenga lista una jarra con agua y vasos. Sírvales a los niños y

Historia bíblica

(Adapte la historia de acuerdo a la edad de sus alumnos. Recomendamos utilizar un lenguaje sencillo para los *Mensajeros*.)

Si está a su alcance consiga un CD o casete que contenga el sonido de un riachuelo o río y póngalo como fondo mientras cuenta la historia.

No era fácil que un pueblo tan numeroso como el de Israel cruzara el desierto sin tener problemas de escasez de agua. Entre los pozos de Elim y el monte Sinaí no hallaron arroyos, ni manantiales (para los *Conquistadores* muestre el mapa número #2 de Senda Vida). Las personas y el ganado estaban sufriendo de sed, y los niños pequeños lloraban por agua. El pueblo vino a Moisés y le reclamó:

—Danos agua o moriremos de sed. ¿Por qué hiciste que saliéramos de Egipto? Aunque allá éramos esclavos teníamos agua para beber, pero ahora moriremos de sed en el desierto—.

Moisés se sintió muy mal por el reclamo del pueblo, pues a pesar de todas las cosas que Dios les había dado, ellos no le tenían confianza. —¿Qué había hecho Dios por ellos?—. Los sacó de Egipto; mandó una nube que les mostraba el camino durante el día y por la noche una columna de fuego los alumbraba; había endulzado unas aguas amargas y recibían diariamente alimento del cielo. —¿Qué más debía hacer el Señor por ellos para que creyeran que Él los cuidaba? —seguía pensando Moisés. Entonces con desesperación clamó a Dios diciéndole: —Señor, ¿qué voy a hacer con este pueblo? Están tan enojados conmigo por haberlos traído al desierto que creo que me van a apedrear. ¿Qué puedo hacer para darles de beber?—.

Dios le dijo a Moisés lo que tenía que hacer para solucionar este problema: —¡Golpea la roca con tu vara!—.

Moisés entonces reunió al pueblo y les dijo: —Vengan todos frente a esta gran roca—. Los israelitas rápidamente obedecieron porque querían saber qué les diría su líder. Cuando Moisés se aseguró de que todos estaban presentes, tomó su vara y golpeó la roca. (*Muestre la escena de Moisés golpeando la roca.*) Enseguida una corriente de agua salió de la roca y como un río pequeño fluyó a través del campamento. El agua fue lo suficientemente abundante que alcanzó para que se saciaran las personas y sus ganados. Mientras bebían, quizás muchos israelitas recordaron las promesas que Dios les había hecho tiempo atrás, cuando aún eran esclavos en Egipto. *Yo soy Jehová, yo los libraré de las tareas pesadas de Egipto, de su servidumbre, y los salvaré, ustedes serán mi pueblo y yo seré vuestro Dios. Y los meteré en la tierra por la cual alcé mi mano jurando que la daría a Abraham, a Isaac y a Jacob; y yo se las daré por heredad. Yo Jehová.* Una vez más el pueblo de Israel pudo comprobar que Dios estaba con ellos, cuidándolos, protegiéndolos y dándoles todo lo que necesitaban.

dé gracias a Dios por el agua. Diga: "Así como Dios cuidó al pueblo en el desierto también cuida de ustedes".

Dinámica para el repaso
Siente a los niños en círculo y en el centro coloque una botella de agua vacía en posición vertical. Diga la pregunta en voz alta y haga girar la botella en el piso. El niño a quien la botella señale con el pico responde la pregunta.
1. ¿Por qué los israelitas murmuraron contra Moisés y Dios? *Porque tenían sed y no había agua.*
2. ¿Qué hizo Moisés para solucionar el problema? *Clamó a Jehová.*
3. ¿Qué le respondió el Señor? *"Golpea la roca con tu vara".*
4. ¿Qué sucedió cuando golpeó la roca? *Salió agua y todos pudieron beber.*
5. ¿Qué aprendieron los israelitas? *Que Dios estaba cumpliendo la promesa que les hizo de cuidarlos por siempre.*

Ejercicio del libro
Coloque los libros del alumno (o las hojas sobre una mesa) y permita que cada uno tome el suyo o una hoja. Pídales que se agrupen voluntariamente para trabajar. Explique la actividad que van a realizar y supervise el trabajo que realizan.

Actividades específicas para cada edad

Conquistadores
Actividad introductoria. Lleve a los alumnos a una caminata bajo el sol, por los alrededores del local; si no vive en un clima cálido, diríjalos por algunos minutos para que hagan algunos ejercicios como correr, saltar, etc., de manera que se fatiguen y sientan sed. Al regresar al aula pregunte: "¿Cuántos tienen sed? ¿A cuántos les gustaría un refrescante vaso con hielo y agua? ¿Cómo se sentirían si les dijeran que no hay agua tomar en ningún lugar? ¿Qué pensarían si llega el día de mañana y sus padres aún no han conseguido agua para beber?". Después que ellos respondan comente que el pueblo de Israel sufrió algo muy parecido a la situación que les planteé, veamos cómo reaccionaron ellos ante esa situación y quién les ayudó a resolverla. (Tenga lista una jarra con agua y vasos. Ofrézcales agua y narre la lección.)

Versículo para memorizar. "Jehová te pastoreará siempre, y en las sequías saciará tu alma, y dará vigor a tus huesos; y serás como manantial de aguas, cuyas aguas nunca faltan" (Isaías 58:11). El versículo para memorizar es un poco largo, pero puede enseñarlo por medio de una canción. Hay una tonada que es muy conocida entre los cristianos. Si no la conoce, invéntele una música. Antes de enseñarlo, explique el significado del texto y comente que este es una promesa que Dios nos hace, por lo tanto debemos creer que se cumplirá en nosotros. (Para otras dinámicas de memorización, consulte el libro *Fácil y divertido, Cómo Memorizar Versículos,* de la serie *Secretos para Enseñar* de Senda de Vida.)

Trabajo opcional. Escriba las siguientes citas bíblicas en papelitos y désela a algunos alumnos para que la busquen. Salmo 68:35; 112; 136:25; 146:7 y Proverbios 2:6. Pida a los alumnos que lean las citas una por una. Analice con los estudiantes las promesas que el Señor les hace en esos textos, y pida que comenten de qué manera ellos han sentido que esas promesas se han hecho realidad en sus vidas. Dé oportunidad para que compartan sus testimonios. Concluya diciendo: "Cuando estemos en necesidad o dificultad debemos confiar en Dios y creer que Él sí cumple lo que dice en su Palabra".

Vencedores
Actividad introductoria. Lleve a la clase fotografías o láminas de personas que muestren la escasez de agua en algunos países o regiones (puede ser en el continente africano). Explique que en muchos lugares el agua es más valiosa que el oro, debido a las grandes sequías que sufren. El agua no sólo es necesaria para nuestro cuerpo, si no que sin ella se mueren las plantas y los animales, y por consiguiente los seres humanos, ya que no tendrían nada que comer. En algunas regiones las personas tienen que caminar grandes trayectos para traer el agua en cántaros hasta sus casas, por eso el agua es racionada para que

todos puedan beneficiarse de ella. En el desierto es peor, ya que encontrar agua es casi un milagro. En la clase de hoy, hablaremos de cómo Dios suplió agua a su pueblo en medio del desierto.

Versículo para memorizar. "Tú responderás… Dios mío" (Salmo 38:15). Divida el texto en dos partes: *Tu responderás / Dios mío.* Use una técnica diferente para que aprendan cada fragmento. Por ejemplo, para la primera parte, que lo dramaticen mientras lo repiten, y para la última parte, que caminen por el patio mientras lo dicen en voz alta. Al final pida que lo repitan completo. (Para otras dinámicas de memorización, consulte el libro *Fácil y divertido, Cómo Memorizar Versículos,* de la serie *Secretos para Enseñar* de Senda de Vida.)

Trabajo opcional. Los niños decorarán una botella de agua. Necesitará: una botella de agua sin etiqueta, un dibujo de Jesús, marcadores de colores, papel adhesivo transparente (con-tac). Entregue a los niños el dibujo de Jesús y pida que lo recorten como una etiqueta. Pídales que escriban un mensaje de la lección y que lo decoren con los marcadores. Pegue la etiqueta en la botella y póngale encima el papel adhesivo transparente. Pueden llevar la botella con agua a todas partes.

Mensajeros

Actividad introductoria. Lleve a la clase fotografías o láminas de personas que muestren la escasez de agua en algunos países o regiones (puede ser en el continente africano). Explique que en muchos lugares el agua es más valiosa que el oro, debido a las grandes sequías que tienen que sufrir. El agua no sólo es necesaria para nuestro cuerpo, si no que sin ella se mueren las plantas y los animales, y por consiguiente los seres humanos no tendrían nada que comer. Muchas personas tienen que caminar grandes trayectos para traer el agua en cántaros a sus casas, y el agua es racionada para que todos puedan beneficiarse de ella. En el desierto es peor, ya que encontrar agua es casi un milagro. En la clase de hoy, hablaremos de cómo Dios suplió agua a su pueblo en medio del desierto.

Versículo para memorizar. "Tú responderás… Dios mío" (Salmo 38:15). Saque copias para cada alumno, del dibujo de un niño orando. Escriba alrededor del dibujo, el versículo. Entregue a los niños lápices de colores para que lo pinten. Después que lo repitan varias veces hasta que se lo aprendan. (Para otras dinámicas de memorización, consulte el libro *Fácil y divertido, Cómo Memorizar Versículos,* de la serie *Secretos para Enseñar* de Senda de Vida.)

Trabajo opcional. Reproduzca para cada niño el dibujo de la roca brotando agua. Entregue el dibujo y pida que rellenen la roca pegando arena y el agua que la rellenen con plastilina azul. Deje secar y que luego lo lleven a casa.

Clausura
Despida a los niños en oración y recuérdeles que deben creer en las promesas del Señor. Incentívelos a buscar en la Biblia otras promesas de Dios, para que las compartan con sus compañeros en la próxima clase.

Ayudas visuales
Recorte la escena que corresponde a la lección de hoy. Muéstrela en el momento indicado mientras narra el estudio. Prepare con anticipación todo lo necesario para la clase.

Unidad II: Dios nos cuida

17 Unos cuervos alimentan a Elías

Base bíblica
1 Reyes 17:1-9

Versículo para memorizar
Para Conquistadores: "El que da alimento a todo ser viviente, Porque para siempre es su misericordia" (Salmo 136:25).
Para Vencedores y Mensajeros: "El que da alimento a todo ser viviente" (Salmo 136:25).

Verdad central
Dios suple las necesidades de sus hijos.

Objetivos
Al finalizar la lección los alumnos podrán:
1. Saber que Dios siempre está dispuesto a escuchar sus oraciones.
2. Reconocer que los recursos de Dios son inagotables.
3. Esperar confiadamente en el Señor en momentos de necesidad.

Materiales
Conquistadores: Biblia, libro del alumno, libro de figuras, papel, lápices, cuatro pelotitas de hule, un tubo de cartón, ojitos plásticos, felpa o papel de construcción negro, cartulina en color negro, amarillo o anaranjado y marcadores.
Vencedores: Biblia, libro del alumno, libro de figuras, cuatro pelotitas de hule, foam, papel, platos de cartón, tijeras, papel construcción, marcadores, pegamento, pajillas, hilo de lana negra y cinta adhesiva.
Mensajeros: Biblia, libro del alumno, libro de figuras, lápices, láminas, cuatro pelotitas de hule, platos de cartón, tijeras, papel construcción, marcadores, pegamento, pajillas, hilo de lana, cinta adhesiva y merienda.

Lectura bíblica
1 Reyes 17:1 Entonces Elías tisbita, que era de los moradores de Galaad, dijo a Acab: Vive Jehová Dios de Israel, en cuya presencia estoy, que no habrá lluvia ni rocío en estos años, sino por mi palabra.
2 Y vino a él palabra de Jehová, diciendo:
3 Apártate de aquí, y vuélvete al oriente, y escóndete en el arroyo de Querit, que está frente al Jordán.
4 Beberás del arroyo; y yo he mandado a los cuervos que te den allí de comer.
5 Y él fue e hizo conforme a la palabra de Jehová: pues se fue y vivió junto al arroyo de Querit, que está frente al Jordán.
6 Y los cuervos le traían pan y carne por la mañana, y pan y carne por la tarde; y bebía del arroyo.
7 Pasados algunos días, se secó el arroyo, porque no había llovido sobre la tierra.
8 Vino luego a él palabra de Jehová, diciendo:
9 Levántate, vete a Sarepta de Sidón, y mora allí; he aquí yo he dado orden allí a una mujer viuda que te sustente.

Datos sobre el pasaje bíblico
Durante el reinado de Acab, apareció Elías, el más desafiante de los profetas del Antiguo Testamento. Por orden de Dios, anunció la sequía que vendría y que duró tres años. Pero Dios también le habló al profeta y le dio instrucciones precisas en cuanto al cuidado y ayuda que le proporcionaría durante la época de sequía. Como se evidencia frecuentemente en la Biblia, Dios no está sujeto como el hombre, a la manera usual de hacer las cosas. Este cuidado milagroso fue importante, pues

•67

afirmó la confianza de Elías en Dios, quien manifestó a través del profeta su poder en milagrosos acontecimientos, uno tras otro, para derrotar las fuerzas de los dioses de Baal y Asera. El conflicto dio comienzo cuando Elías anunció la sequía. Luego, Dios guió al profeta al arroyo de Querit, al lado del Jordán. Mientras estuvo en ese lugar, Dios lo cuidó, usando métodos realmente sorprendentes. La sequía estaba por toda la tierra sin embargo, Elías tuvo agua para beber y los cuervos le traían la comida para su sustento.

¡Es tiempo de empezar!

Reciba a los alumnos con alegría y demuéstreles que se siente feliz al verlos nuevamente en la clase bíblica. Dé un saludo especial a los visitantes; hágalos sentir cómodos y en confianza. Entone cánticos de alabanza, que puede presentar ilustrados con pistas o videos. Luego hable de las bendiciones que recibimos cuando somos generosos con el Señor e invítelos a presentar sus ofrendas con alegría. Pregunte: "¿Alguien tiene un testimonio para compartir o una petición?". Dé oportunidad para que lo digan. Es importante que sus alumnos sientan que tienen un grupo que los apoya, que se interesa por sus necesidades y se goza con sus victorias.

Historia bíblica

(Adapte la historia de acuerdo a la edad de sus alumnos. Recomendamos utilizar un lenguaje sencillo para los *Mensajeros*.)

En la época del profeta Elías reinaba el rey Acab. Este rey había hecho cosas desagradables ante los ojos de Dios y había inducido al pueblo de Israel a adorar dioses. La Biblia dice que ninguno de los reyes anteriores había hecho cosas tan desagradables a Dios como lo hizo Acab. Motivados por su rey los israelitas también se habían olvidado de Jehová. El Señor estaba tan enojado por la idolatría de Acab y de su pueblo que decidió enviar una sequía. —¿Saben qué es una sequía?—. Es cuando no llueve durante mucho tiempo, entonces se secan los ríos, arroyos, etc., y por consiguiente se acaba el agua para tomar. Cuando no hay agua para beber, se mueren los animales, las plantas y los seres humanos. Dios le dijo a Elías que le comunicara al rey lo que iba a suceder. Elías fue ante Acab y le dijo: "Jehová Dios de Israel, dice, que no habrá lluvia ni rocío en estos años, hasta que yo lo pida". Al escuchar estas palabras el rey se burló y no le creyó. Luego que Elías salió de la presencia del rey, Dios le ordenó que se fuera a esconder junto al arroyo de Querit, frente al Jordán. El Señor sabía que cuando se empezara a cumplir la profecía, el rey lo buscaría para matarlo. ¿Cómo se sentiría Elías después de escuchar la orden de Dios? No era fácil lo que tenía que hacer, pues tendría que estar solo y escondido en un lugar donde no había que comer. Pero él confiaba en Dios y lo obedeció. El lugar que Dios eligió era seguro y tenía agua para beber, pero, ¿qué comería cuando tuviera hambre? El Señor también se ocupó de esto. En la mañana Elías se despertó y sintió deseos de desayunar. Y ahora… ¿qué comeré? —quizás pensó Elías—.

De pronto vio que unos cuervos se acercaban a él y le traían pan y carne. (*Muestre la escena de los cuervos llevando la comida al profeta.*)

¡Mmm, que rico desayuno! —a lo mejor dijo el profeta. Entonces agradeció al Señor por esos alimentos. Durante el tiempo que Elías estuvo allí, los cuervos lo alimentaron llevándole comida en la mañana y en la tarde.

Pasaron los días y poco a poco el agua del arroyo comenzó a bajar y a bajar hasta que se secó completamente. La Palabra de Dios se estaba cumpliendo, no había caído ni una gota de agua sobre la tierra durante mucho tiempo. Las plantas y los animales estaban muriendo. Toda la región comenzó a sufrir las consecuencias de la sequía. Ahora sí que Elías estaba ante un gran problema: sin agua para beber, ¿qué podría hacer? Pero él no se preocupó porque sabía que Dios lo cuidaría y le proveería para sus necesidades. Aunque no hubiera agua o comida él contaba con Dios. El Señor entonces le dijo que se fuera a la casa de una viuda y allí lo continuaría cuidando. Una vez más, Elías obedeció y Dios lo guió a un lugar seguro donde no le faltó nada.

Aplicación

A pesar de las situaciones difíciles que el profeta vivió, siempre confió en Dios. Él sabía que si estaba bajo su voluntad y en obediencia, Dios supliría sus necesidades. Dios también cuida de ustedes. Si eres obediente a Él, puedes vivir confiado que suplirá tus necesidades de salud, alimentación, protección, trabajo para tus padres, dinero, etc. Lo importante es tener paciencia, esperar y creer que Dios es poderoso y que puede hacer lo imposible. Pida que hagan un círculo y que con los ojos cerrados piensen en una situación en la que Dios haya suplido una de sus necesidades. Algunos voluntarios pueden compartir sus experiencias con el resto del grupo. Para finalizar, dé gracias a Dios porque Él provee para nuestras necesidades.

Dinámica para el repaso

Introduzca en una bolsa cuatro pelotitas de hule, dos de color azul y dos de color rojo. Siente a los alumnos en círculos y pida que saquen una. Si sacan una roja, deben responder una pregunta, y si es azul, debe formular una pregunta para algún compañero. Formele usted las preguntas a los *Mensajeros*.

1. ¿Qué le anunció Elías al rey Acab? *Que vendría una sequía sobre la Tierra.*

2. ¿Hacia dónde envió Dios a Elías? *A esconderse en el arroyo de Querit.*

3. ¿Quién alimentó a Elías mientras estaba en ese lugar? *Dios le envió unos cuervos que le llevaban comida.*

4. ¿Qué clase de comida tuvo Elías? *Pan, carne y agua del arroyo.*
5. ¿Por qué se secó el arroyo? *Porque no había llovido sobre la tierra.*

Ejercicio del libro
Muestre su ejemplar terminado y guíelos en la actividad correspondiente. Entregue el libro (o las hojas) del libro del alumno y los demás materiales que necesitarán. Supervise la labor y felicítelos por el trabajo que cada uno desempeñó.

Actividades específicas para cada edad

Conquistadores
Actividad introductoria. Hable con los niños acerca de qué es una sequía y las consecuencias que tiene para los cultivos y la alimentación. Pida que hagan una redacción con el siguiente tema: "¿Qué pasaría si se acabara el agua?". Luego permítales leer en voz alta sus escritos. Aproveche el tema para decir que es importante cuidar el agua y la naturaleza, para que en el futuro no padezcamos la escasez de este líquido. Diga que el estudio de hoy tiene que ver con un hombre que Dios ayudó, durante una sequía.

Versículo para memorizar. "El que da alimento a todo ser viviente, Porque para siempre es su misericordia" (Salmo 136:25). Pida a sus participantes que se dividan en grupos de tres o cuatro, según la cantidad de alumnos que tenga. Los integrantes de cada grupo deben memorizar el versículo. Cuando todos lo hayan aprendido, los grupos compartirán una breve explicación de cómo creen que pueden aplicar esta verdad a su vida diaria. Concluya con una ampliación del mismo. (Para otras dinámicas de memorización, consulte el libro *Fácil y divertido, Cómo Memorizar Versículos,* de la serie *Secretos para Enseñar* de Senda de Vida.)

Trabajo opcional. Los alumnos harán un cuervo. Los materiales que necesitarán son: un tubo de cartón (puede usar los que vienen con el papel toalla o el papel higiénico), ojitos plásticos, felpa o papel de construcción negro, cartulina en color negro, amarillo o anaranjado y marcadores. Forre el tubo con la felpa o el papel de construcción. Haga con la cartulina las alas y la colita, luego péguesela al tubo. Con un círculo de cartulina se hace la carita y se le pegan los ojos. Agregue a la carita un pico hecho en cartulina color amarillo o anaranjado, y luego péguela al tubo. De esta manera quedará listo el cuervo.

Vencedores
Actividad introductoria. Pida a los niños que se pongan de pie para que dirija el juego de las "estatuas". Explique que todos al tiempo deben dramatizar lo que usted les pida. Pero cuando pida que se congelen, todos deben detenerse y quedar como una estatua. Designe a dos niños para que cuando los demás estén congelados escojan la mejor estatua de cada sección. Lo que usted va a pedir que hagan es: una persona cuando tiene muchos días sin comer, alguien sediento en un día de sol y un niño pidiendo comida y agua. Termine el juego y dialogue con ellos acerca de lo que se siente cuando faltan las cosas básicas para vivir. Explique que la clase de hoy narra cómo Dios alimentó y cuidó a un profeta.

Versículo para memorizar. "El que da alimento a todo ser viviente" (Salmo 136:25). Explique de manera sencilla el contenido de este versículo, y realice una rutina de repetición para memorizarlo. Luego divida la clase en dos grupos, puede ser de niños y niñas. Haga una competencia para ver qué grupo lo dice más fuerte y completo. (Para otras dinámicas de memorización, consulte el libro *Fácil y divertido, Cómo Memorizar Versículos,* de la serie *Secretos para Enseñar* de Senda de Vida.)

Trabajo opcional. Los niños elaborarán dos títeres: uno de Elías y otro de los cuervos. Necesitará para cada niño: un plato de cartón, tijeras, papel construcción amarillo, marcadores, pegamento, dos pajillas (pitillos), hilo de lana negra y cinta adhesiva transparente. Corte el plato por la mitad, use los marcadores para pintar los ojos en cada medio plato. Corte un cuadrado con el papel construcción y dóblelo por la mitad, ábralo nuevamente y doble para adentro las puntas de dos lados para hacer el pico y péguelo en el medio plato (el del cuervo). Pegue alrededor de este el pedacito pequeño de hilo de lana. En el otro medio plato pegue pedacitos de lana en la parte de abajo (para hacer las barbas) y decore la cara a su gusto. Por la parte de atrás de las caras pegue una pajilla con cinta adhesiva. Al terminar los niños pueden usar los títeres para representar la historia.

Mensajeros

Actividad introductoria. Lleve a la clase láminas de personas alimentándose, trabajando, en un hospital, etc. Muestre a los niños las láminas y converse con ellos acerca de quién lleva el dinero a casa para el alimento, la ropa, la salud, etc. Hágale ver a los niños que Dios es el que le da la salud para que sus padres puedan trabajar, y el dinero que ganan pero que también es el que hace que la tierra produzca frutos para alimentarnos; igualmente Él es quien provee la lluvia que nos da el agua para beber.

Versículo para memorizar. "El que da alimento a todo ser viviente" (Salmo 136:25). Diga el versículo y explíquelo. Luego pida que formen una fila y que cada uno ponga sus manos en los hombros de sus compañeros. Luego diríjalos para que marchen por el salón, mientras repiten el versículo. Dé varias vueltas mientras lo memorizan. Luego pregúntelo individualmente. Reparta una merienda. (Para otras dinámicas de memorización, consulte el libro *Fácil y divertido, Cómo Memorizar Versículos,* de la serie *Secretos para Enseñar* de Senda de Vida.)

Trabajo opcional. Los niños elaborarán dos títeres: uno de Elías y otro de los cuervos. Necesitará para cada niño: un plato de cartón, tijeras, papel construcción amarillo, marcadores, pegamento, dos pajillas (pitillos), hilo de lana negra y cinta adhesiva transparente. Corte el plato por la mitad. Tome un pedazo del plato y con los marcadores, pinte en la mitad los ojos. Corte un cuadrado en el papel construcción y dóblelo por la mitad, ábralo nuevamente y doble para adentro las puntas de dos lados para hacer el pico y péguelo en el medio plato (el del cuervo). Pegue alrededor de este, pedacitos pequeños de hilo de lana. En el otro medio plato pegue pedacitos de lana en la parte de abajo (para hacer las barbas) y decore la cara a su gusto. Por la parte de atrás de las caras pegue una pajilla con cinta adhesiva. Al terminar, los niños pueden usar los títeres para representar la historia.

Clausura

Pida que se pongan en pie. Haga una oración pidiéndole a Dios que les dé fortaleza y confianza para enfrentar cualquier situación difícil. Anímelos a compartir con sus amigos y a traer invitados a la próxima clase.

Ayudas visuales

Cada lección tiene sus detalles interesantes, repase la historia previamente. Practique el momento en que debe presentar la escena.

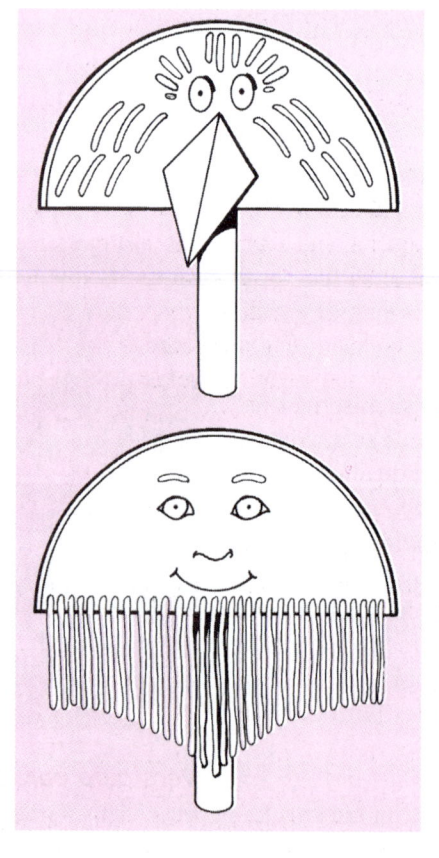

Unidad II: Dios nos cuida

18 Dios consuela a Elías

Base bíblica
1 Reyes 19

Versículo para memorizar
Para Conquistadores y Vencedores: "Dios... nos consuela en nuestras tribulaciones" (2 Corintios 1:3, 4).
Para Mensajeros: "Dios... nos consuela" (2 Corintios 1:3, 4).

Verdad central
Dios nos consuela y levanta cuando estamos tristes.

Objetivos
Se espera que al terminar el estudio los alumnos puedan:
1. Aprender que Dios ha prometido consolarlos.
2. Sentir que el Señor está con ellos cuando están tristes.
3. Aceptar el consuelo y la ayuda del Señor en momentos de dificultad.

Materiales
Conquistadores: Biblia, libro del alumno, libro de figuras, pañuelos, tiras de papel, juego de bolos, cartulina, tortitas de pan, mantequilla o mermelada y refrescos.
Vencedores: Biblia, libro del alumno, libro de figuras, juego de bolos, revistas para recortar, tijeras, cartulina, tortitas de pan, mantequilla o mermelada, refrescos, papelógrafo y pliegos de papel.
Mensajeros: Biblia, libro del alumno, libro de figuras, juego de bolos, títere, caja decorada y merienda.

Lectura bíblica

1 Reyes 19: 2 Entonces envió Jezabel a Elías un mensajero, diciendo: Así me hagan los dioses, y aun me añadan, si mañana a estas horas yo no he puesto tu persona como la de uno de ellos.
3 Viendo, pues, el peligro, se levantó y se fue para salvar su vida, y vino a Beerseba, que está en Judá, y dejó allí a su criado.
4 Y él se fue por el desierto un día de camino, y vino y se sentó debajo de un enebro; y deseando morirse, dijo: Basta ya, oh Jehová, quítame la vida, pues no soy yo mejor que mis padres.
5 Y echándose debajo del enebro, se quedó dormido; y he aquí luego un ángel le tocó, y le dijo: Levántate, come.
6 Entonces él miró, y he aquí a su cabecera una torta cocida sobre las ascuas, y una vasija de agua; y comió y bebió, y volvió a dormirse.
7 Y volviendo el ángel de Jehová la segunda vez, lo tocó, diciendo: Levántate y come, porque largo camino te resta.
8 Se levantó, pues, y comió y bebió; y fortalecido con aquella comida caminó cuarenta días y cuarenta noches hasta Horeb, el monte de Dios.
13 Y cuando lo oyó Elías, cubrió su rostro con su manto, y salió, y se puso a la puerta de la cueva. Y he aquí vino a él una voz, diciendo: ¿Qué haces aquí, Elías?
14 El respondió: He sentido un vivo celo por Jehová Dios de los ejércitos; porque los hijos de Israel han dejado tu pacto, han derribado tus altares, y han matado a espada a tus profetas; y sólo yo he quedado, y me buscan para quitarme la vida.
15 Y le dijo Jehová: Vé, vuélvete por tu camino, por el desierto de Damasco; y llegarás, y ungirás a Hazael por rey de Siria.
19 Partiendo él de allí, halló a Eliseo hijo de Safat, que araba con doce yuntas

delante de sí, y él tenía la última. Y pasando Elías por delante de él, echó sobre él su manto.

Datos sobre el pasaje bíblico

Baal era el dios principal de los cananeos, una religión de la naturaleza que usaba la prostitución como ritual, mediante la cual se alcanzaba la fertilidad de la tierra. El Carmelo era una de las alturas sobre la que estaban establecidos lugares de adoración a Baal. Asera era la consorte de Baal, y ambos tenían sus profetas, que según el pasaje bíblico, comían a la mesa de Jezabel, esposa del rey Acab (séptimo rey de Israel) y celosa promotora del culto a Baal. La derrota de los profetas de Baal ante Elías en el monte Carmelo afirmó la soberanía de Dios, como también la impotencia de Baal. El profeta Elías huyó atemorizado a Beerseba (extremo sur de Judá), impulsado por la amenaza de muerte de la reina Jezabel. Toda esta tensión dejó a Elías en depresión, temor y desengaño; por lo tanto, quiso estar solo y se durmió bajo la sombra de un enebro (árbol que crece a orillas de los lechos secos de los ríos del desierto). Dios proveyó comida a Elías, la cual parece haber sido milagrosa no solo en su procedencia sino también en su poder sustentador. De esta manera Elías emprendió un viaje de cuarenta días y cuarenta noches hasta el monte Horeb, llamado "monte de Dios"; algunos piensan que es otro nombre del Sinaí y otros creen que este es uno de sus picos.

¡Es tiempo de empezar!

Tenga el aula limpia y las sillas ordenadas; decore la pizarra con ángeles (le servirán también para la siguiente clase). Dé la bienvenida a todos y pida que se saluden con alegría. Con ese mismo sentir, dirija a los niños en unos cánticos (selecciónelos previamente), e invítelos a alabar al Señor con regocijo. Recuerde que acompañar la alabanza con CD y videos, motivará a los niños a participar. Luego, pida que presenten las ofrendas al Señor, mientras cantan otro coro. Que un voluntario dé gracias a Dios por las ofrendas.

Aplicación

Dios no dejó solo a Elías; al contrario, se preocupó por él y le mandó alimento por medio de un ángel. Este fue un lindo detalle que Dios tuvo para con el profeta. Él sabía que la necesidad que este hombre tenía no sólo era física (de alimento) sino emocional porque se sentía solo y debía saber que el Señor estaba con él y que lo cuidaría.

Cuando estés triste Dios te consuela; a veces puede hacerlo mediante una persona cercana como tus padres, hermanos, etc. También puede hacerlo llenando tu vida de gozo. Es por eso que nunca debes olvidar que cuando estás triste, angustiado o con un problema grave, Dios te consuela y ayuda a levantarnos, porque Él sabe lo que necesitamos.

Dinámica para el repaso

Coloque un juego de bolos en fila en el piso (también puede usar botellones plásticos de refrescos vacíos). Los niños pasarán y tirarán una pelota. Si queda un bolo de pie, debe responder la pregunta # 1 y si quedan 3 la # 3, y así sucesivamente; pero si no queda ninguno, no responde nada. Trate de que participen el mayor número de niños en este juego.

1. ¿Cuál es el nombre del rey y su esposa mencionados en

Historia bíblica

(*Adapte la historia de acuerdo a la edad de sus alumnos. Recomendamos utilizar un lenguaje sencillo para los Mensajeros.*)

Acab y su esposa Jetzabel eran los reyes de Israel, el pueblo de Dios. Estos gobernantes no amaban a Dios y habían enseñado al pueblo a hacer lo mismo que ellos, adorar a otros dioses y desobedecer al Señor. Entre sus habitantes había un profeta de Dios llamado Elías. Dios se cansó de la desobediencia de su pueblo y quiso que los reyes se avergonzaran de las cosas malas y desagradables que hacían. Entonces, envió al profeta Elías para demostrarles que Él era el único Dios verdadero. Elías hizo todo lo que Dios le pidió y el pueblo se dio cuenta de su error. Ellos tuvieron que reconocer que habían estado adorando dioses falsos y que el único Dios verdadero era Jehová.

Jezabel, la esposa del rey, cuando supo que todos los profetas mentirosos que eran sus amigos habían muerto por culpa de Elías, se enojó. Esta mujer era mala y decidió matar a Elías. El profeta tuvo tanto miedo que se escapó para que no lo mataran. Entonces se fue por el desierto y caminó durante todo el día. Estaba tan cansado que cuando vio un árbol se sentó a la sombra de este. ¡Pobre Elías! Estaba muy triste y no quería seguir vivo. "¡Basta ya, Jehová, quítame la vida!" —decía—, porque estaba deprimido.

Pensando en estas cosas se quedó dormido, porque además estaba cansado de tanto caminar. Mientras dormía alguien se acercó a él, lo tocó y le dijo que se levantara.

—¿Quién había encontrado a Elías?—. ¡Era un ángel! Dios lo había enviado para que le diera comida al profeta y para que lo consolara y no se sintiera solo. (*Muestre la escena del ángel ofreciéndole comida a Elías.*) El ángel le dio algo de comer y de beber. ¡Qué hambre tenía Elías! Después de comer bien, se sintió contento y con más fuerzas. El ángel le dijo que Dios quería que hiciera un trabajo muy importante. Elías entonces empezó un viaje de muchos, muchos días, hasta el monte Horeb, el monte de Dios. Allí Jehová habló con él y le explicó todas las cosas que debía hacer. Elías ya no estaba solo y tampoco sentía miedo, porque ¡Dios estaba con él!

esta historia? *Acab y Jezabel.*
2. ¿Qué quería hacer Jezabel con Elías? *Matarlo.*
3. ¿Por qué huyó Elías? *Porque no quería que lo mataran.*
4. ¿A dónde huyó Elías? *Al desierto.*
5. ¿Quién le dio comida al profeta? *Un ángel.*
6. ¿Por qué el ángel visitó al profeta? *Para que supiera que Dios estaba con él.*

Ejercicio del libro

Escoja a un niño para que entregue las hojas o los libros, y otros dos para entregar los lápices y colores que necesitarán para esta actividad. Explique claramente el ejercicio que realizarán en el libro del alumno. Anímelos a completar el ejercicio y que lo hagan bien.

Actividades específicas para cada edad

Conquistadores

Actividad introductoria. Realice el siguiente juego: pida a los niños que piensen quiénes son las personas que los cuidan. Luego se pondrán de pie para formar un círculo. Un voluntario se colocará en el centro con los ojos vendados y comenzará a brincar mientras los demás corren alrededor de él. Cuando el que está saltando se detiene, los demás se quedan inmóviles. El que tiene los ojos vendados se acerca a cualquiera y le pregunta: "Pablito, Pablito (use cualquier nombre), ¿quién cuida de ti?". El niño responderá: "Mis padres, Dios (o lo que él considere responder)". El voluntario entonces debe reconocer y decir el nombre del niño que le respondió. Si acierta, ese pasa al centro y si no lo hace, tiene un turno más para hacer lo mismo con otro niño, de lo contrario alguien tomará su lugar. Termine el juego y reflexione con los niños: ¿Quién los cuida? ¿Qué cosas hacen ellos que los hacen sentir que alguien los cuida? Cuando están tristes, ¿quién los consuela? ¿Cómo? Termine relacionando la actividad con el tema de la lección.

Versículo para memorizar. "Dios... nos consuela en nuestras tribulaciones" (2 Corintios 1:3,4). Lea el versículo directamente de la Biblia y explíquelo. En un pedazo de cartulina, escriba el versículo y recórtelo en forma de rompecabezas (haga varios juegos). Despliéguelos boca abajo en una mesa y pídales que lo armen en forma ordenada. Repita el ejercicio hasta que logren memorizarlo. (Para otras dinámicas de memorización, consulte el libro *Fácil y divertido, Cómo Memorizar Versículos,* de la serie *Secretos para Enseñar* de Senda de Vida.)

Trabajo opcional. Organice una merienda al aire libre, si es posible debajo de un árbol. Coloque en una mesita tortitas de pan, mantequilla o mermelada y refrescos. Explique a los niños que usted preparó una comida similar a la que el ángel le llevó a Elías, la cual fue tortas asadas y una vasija con agua. Antes de merendar dé gracias a Dios porque nos provee los alimentos.

Vencedores

Actividad introductoria. Lleve a la clase revistas y tijeras. Pida a los niños que recorten algún dibujo que les recuerde una situación en la que hayan estado muy tristes. Luego pídales que compartan esas experiencias y lo que hicieron para sentirse mejor. Explique que a veces nos sentimos muy tristes, tanto que pensamos que el mundo se nos viene encima, como le ocurrió al hombre de la historia de hoy. ¿Qué le sucedió? Eso lo va a contar nuestro invitado.

Versículo para memorizar. "Dios... nos consuela en nuestras tribulaciones" (2 Corintios 1:3, 4). Lea el versículo y explíquelo; sobre todo la palabra "tribulaciones". Divida la clase en dos grupos. Enséñele la primera parte del versículo a un grupo y la segunda al otro. Luego pida que se unan en parejas de equipos contrarios. Las parejas se sentarán y uno le repetirá al otro la parte que conoce. Las parejas que puedan decir el versículo completo sin equivocarse (ninguno de los dos), gana un aplauso u otro incentivo. (Para otras dinámicas de memorización, consulte el libro *Fácil y divertido, Cómo Memorizar Versículos,* de la serie *Secretos para Enseñar* de Senda de Vida.)

Trabajo opcional. Organice una merienda al aire libre, si es posible debajo de un árbol. Coloque en una mesita tortitas de pan, mantequilla o mermelada y refrescos. Explique a los niños que usted preparó una comida similar a la que el ángel le llevó de comer a Elías, la cual fue de tortas asadas y una vasija con agua. Antes de merendar dé gracias a Dios porque nos provee los alimentos.

Mensajeros

Actividad introductoria. En un lugar visible del salón, coloque una caja grande decorada. Ponga dentro de la caja a un títere. Siente a los niños alrededor de la caja y diga: "Hoy tenemos una visita especial, que se llama... ¡Lulita (o)! ¿Pueden repetir el nombre conmigo?... Lulita (o)... ¡Uy!, no sé qué hacer, porque nuestra visita es tímida y no quiere salir de la caja. ¡Tengo una idea! quizás quiera salir si ustedes la llaman". (Haga que todos los niños repitan en voz alta el nombre del títere.) Saque el títere y preséntelo a los niños, y diga (como si hablara el títere): "Hola amiguitos... ¿Puedo quedarme con ustedes?". (Permita que los niños contesten.) "Estoy ¡muy sola (o) y me siento muy triste!". (Dramatice con la voz.) Haga que el títere lo mire y le pregunte: "¿Puedo quedarme en su clase? ¡Son tan lindos estos niños!". Responda: "¡Claro que sí!, mira qué coincidencia, la historia de hoy nos habla de alguien que también se sintió triste y solo, pero Dios lo ayudó y lo acompañó. Escucha con atención". (Coloque el títere sobre una botella o florero, de manera que quede como si estuviera escuchando la narración.)

Versículo para memorizar. "Dios... nos consuela" (2 Corintios 1:3, 4). Lea el versículo y explíquelo, diga que siempre debemos recordar que *Dios nos consuela*. Pida a los niños que repitan el versículo cuatro veces: la primera vez, de pie; la segunda, sentados; la tercera, agachados o en cuclillas y por último, saltando. Haga esto varias veces y más rápido cada vez, haciendo los respectivos movimientos. Luego, que lo hagan individualmente. Repita el ejercicio hasta que memoricen el versículo. (Para otras dinámicas de memorización, consulte el libro *Fácil y divertido, Cómo Memorizar Versículos,* de la serie *Secretos para Enseñar* de Senda de Vida.)

Trabajo opcional. Organice una merienda al aire libre, si es posible debajo de un árbol. Coloque en una mesita tortitas de pan, mantequilla o mermelada y refrescos. Explique a los niños que usted preparó una comida similar a la que el ángel le llevó de comer a Elías, la cual fue de tortas asadas y una vasija con agua. Antes de merendar dé gracias a Dios porque nos provee los alimentos.

Clausura

Termine con una oración dando gracias a Dios por su cuidado.

Ayudas visuales

Coloque la figura en un cuadro de cartulina. En el momento de la narración, pida a uno de los niños que le ayude a mostrarla. Recuerde que la participación de los alumnos en el proceso de enseñanza servirá de estímulo para ellos porque se interesarán en el aprendizaje.

LIBRO SECRETOS PARA ENSEÑAR FÁCIL Y DIVERTIDO

Este libro puede ser usado por los maestros como un recurso adicional para complementar sus clases o programa eduacional.

Unidad II: Dios nos cuida

19 Agua para un gran ejército

Base bíblica
2 Reyes 3: 9-24

Versículo para memorizar
Para Conquistadores y Vencedores: "Lo que es imposible para los hombres, es posible para Dios" (Lucas 18:27).
Para Mensajeros: "Nada hay imposible para Dios" (Lucas 1:37).

Verdad central
Espera el milagro de Dios porque sin duda llegará.

Objetivos
Al finalizar este estudio los alumnos estarán en condiciones de:
1. Saber que Eliseo anunció el milagro de las fuentes de agua en un desierto.
2. Orar a Dios para que solucione cualquier circunstancia difícil o imposible.
3. Confiar que Dios contestará su petición aunque sea imposible.

Materiales
Conquistadores: Biblia, libro de figuras, libro del alumno, cartulina, tizas, galletas saladas u otro snack, tela, aguja grande, hilo de lana o hilo grueso y elementos para decorar en tela.
Vencedores: Biblia, libro del alumno, libro de figuras, tiza de diversos colores, jarra con agua y vasos, alimento dulce o salado, cartulina, marcadores, papel, lápices, globos, tijeras, tela, aguja grande, hilo de lana o hilo grueso y elementos para decorar en tela.
Mensajeros: Biblia, libro del alumno, libro de figuras, cartulina, marcadores, papel, lápices, crayolas, vasos desechables, tijeras y pegamento.

Lectura bíblica
2 Reyes 3:9 Salieron, pues, el rey de Israel, el rey de Judá, y el rey de Edom; y como anduvieron rodeando por el desierto siete días de camino, les faltó agua para el ejército, y para las bestias que los seguían.
10 Entonces el rey de Israel dijo: ¡Ah! que ha llamado Jehová a estos tres reyes para entregarlos en manos de los moabitas.
11 Mas Josafat dijo: ¿No hay aquí profeta de Jehová, para que consultemos a Jehová por medio de él? Y uno de los siervos del rey de Israel respondió y dijo: Aquí está Eliseo hijo de Safat, que servía a Elías.
12 Y Josafat dijo: Este tendrá palabra de Jehová. Y descendieron a él el rey de Israel, y Josafat, y el rey de Edom.
13 Entonces Eliseo dijo al rey de Israel: ¿Qué tengo yo contigo? Vé a los profetas de tu padre, y a los profetas de tu madre. Y el rey de Israel le respondió: No; porque Jehová ha reunido a estos tres reyes para entregarlos en manos de los moabitas.
14 Y Eliseo dijo: Vive Jehová de los ejércitos, en cuya presencia estoy, que si no tuviese respeto al rostro de Josafat rey de Judá, no te mirara a ti, ni te viera.
15 Mas ahora traedme un tañedor. Y mientras el tañedor tocaba, la mano de Jehová vino sobre Eliseo,
16 quien dijo: Así ha dicho Jehová: Haced en este valle muchos estanques.
17 Porque Jehová ha dicho así: No veréis viento, ni veréis lluvia; pero este valle será lleno de agua, y beberéis vosotros, y vuestras bestias y vuestros ganados.
18 Y esto es cosa ligera en los ojos de Jehová; entregará también a los moabitas en vuestras manos.
19 Y destruiréis toda ciudad fortificada y toda villa hermosa, y talaréis todo buen árbol, cegaréis todas las fuentes de aguas, y destruiréis con piedras toda tierra fértil.
20 Aconteció, pues, que por la mañana, cuando se ofrece el sacrificio, he aquí vinieron aguas por el camino de Edom, y la tierra se llenó de aguas.

Datos sobre el pasaje bíblico

Uno de los problemas con que tuvo que enfrentarse Joram, al llegar a ser rey de Israel, fue con la rebelión de Moab. Joram y Josafat se unieron para enfrentar a sus enemigos. El camino del desierto de Edom significa que tomaron el largo camino del sur de Judá hasta el extremo sur del mar muerto y luego siguieron por el borde oriental de Edom. La alianza contra Moab también incluía al rey Edom y aparentemente un vasallo de Josafat rey de Judá. Después de siete días de rodear el desierto se encontraron en el borde oriental de Edom confrontados por la falta de agua para sus hombres y animales. La fuente de agua cerca del límite sur con la que habían contado estaba completamente seca. Eliseo estaba en la vecindad enviado evidentemente por la mano de Jehová. Los reyes descendieron a él para oír una palabra de Dios referente a esa situación. Eliseo se mostró hostil hacia Joram debido a su tolerancia de los profetas de su padre y su falta de fe en Dios en los momentos difíciles (v.13). Este accedió a buscar una palabra de Dios en consideración a Josafat rey de Judá. El mensaje que Dios envió fue que Él proveería agua de una manera insólita; también les daría la victoria sobre los moabitas (versículos 16-20). A la mañana siguiente Dios vindicó a su vocero y honró la fe de Josafat al cumplir con lo prometido: llenar de agua la tierra.

¡Es tiempo de empezar!

Escriba el título de la lección en la pizarra, usando diversos colores de yeso (tiza). Haga un afiche de cartulina escrito con la verdad central. Use su creatividad para ilustrar la verdad central y el título de la lección. Antes de iniciar tome unos minutos para orar por sus alumnos. Al llegar los niños salúdelos con entusiasmo y hágalos sentir cómodos. Invítelos a compartir con sus compañeros, mientras esperan que lleguen los demás. En el momento indicado dé inicio a la clase dando la bienvenida a todos y dirigiéndolos en oración. Luego entone cánticos de alabanza, animándolos para que participen. Después pídales que depositen sus ofrendas en el lugar indicado y enseguida pase lista.

Aplicación

El milagro que hizo Dios por medio de Eliseo se tornó en bendición para mucha gente. La situación del rey Josafat y

Historia bíblica

(Adapte la historia de acuerdo a la edad de sus alumnos. Recomendamos utilizar un lenguaje sencillo para los *Mensajeros*.)

Josafat el rey de Judá fue muy respetado por los que lo conocían. Ese rey formó un gran ejército con el que conquistó territorios de renombre. En una ocasión se unió con Joram, rey de Israel, y con el rey de Edom para pelear contra el rey de Moab. Así que se pusieron de acuerdo y emprendieron su viaje, junto con un gran ejército. Muchos caballos y hombres de guerra caminaban con firmeza por aquel camino rumbo al desierto. Pasaron varios días y aunque estaban cansados, avanzaban muy decididos hacia su meta. Habían transcurrido siete días de estar caminando alrededor del desierto, estaban agotados, tenían mucha sed y lo que más deseaban era descansar y tomar agua fresca. Ya habían consumido hasta la última gota de agua y la fuente donde pensaban sacar agua estaba completamente seca. —¿Qué harían ahora? Estaban cansados, en un desierto y sin agua. ¡No tenían esperanza de sobrevivir¡—.

Entonces el rey de Israel afligido exclamó: "¡Vamos a morir en manos de los enemigos!". Pero Josafat, el rey de Judá, confiaba en que Dios tenía la solución para esa gran dificultad. Y decidió ir a buscar al profeta de Dios. Él quería saber qué planes tenía Dios con ellos.

Los tres reyes se dirigieron hasta donde estaba Eliseo y le contaron lo que les sucedía. Después de apartarse para consultar a Dios, Eliseo les dijo: —Hagan muchos estanques en este valle. Porque Jehová ha dicho así: No van a ver viento, ni lluvia; pero este valle será lleno de agua, y van a beber ustedes, y sus bestias y ganados. Además, Dios entregará en sus manos a los Moabitas—.

Esa noche los soldados junto a sus reyes acamparon confiados en la palabra del profeta. Al día siguiente, corría el agua como un río por todo el camino y la tierra se llenó de abundante agua. (*Muestre la escena de los soldados tomando agua.*) Los soldados y los caballos pudieron tomar agua hasta saciarse. ¡Ese milagro fue increíble pues era como ver fuentes de agua en un desierto!

sus aliados, no podía ser resuelta por nadie, sólo por Dios. Cuando nuestras fuerzas y recursos se agotan, tenemos a un Dios que no tiene límites y que para Él no existen los imposibles. Anímelos a creer en que Dios sí puede dar solución a cualquier circunstancia difícil. Pregunte a los niños si ellos o un familiar tienen una situación o enfermedad y que sabe que ninguna persona aquí en la tierra la puede resolver. Invítelos a presentar sus peticiones al Señor y anímelos a creer en que Dios sí puede dar solución a cualquier problema.

Dinámica para el repaso

Coloque una frazada en el suelo y pida a los niños que se

sienten en círculo. Ubíquese con ellos de modo que sientan que usted forma parte del grupo. Al estar cómodos, dígales: "Hablemos de la historia de hoy". Para esto, motívelos a contar lo que más les gustó de la historia. Hágales preguntas claves para dirigirlos a afianzar los objetivos.

Ejercicio del libro

Los ejercicios del libro del alumno pueden ayudar a reforzar el aprendizaje. Provea un ambiente adecuado para este tiempo. Ubíquelos en un lugar apropiado y con los materiales necesarios. Muestre la página que corresponde a la lección de hoy y explique con claridad cada ejercicio.

Actividades específicas para cada edad

Conquistadores

Actividad introductoria. Ofrezca a los niños galletas de soda con sal, maní o cualquier *snack* que sea de sal. No les ofrezca agua ni ningún otro líquido. Proceda a hacer algunas preguntas de la clase anterior y espere a que alguno diga que siente sed y quiere agua, entonces usted les preguntará: ¿qué harían si no pudieran encontrar agua en ninguna parte? ¿Qué sentirían? ¿Cómo actuarían?, etc. Después de la charla, lleve a los estudiantes a una fuente de agua para que puedan beber de ella, también puede tener una jarra con agua.

Versículo para memorizar. "Lo que es imposible para los hombres, es posible para Dios" (Lucas 18:27). Pida a los niños que busquen la cita en sus biblias y repitan varias veces el versículo. Después pida que lo escriban en la pizarra por turno al mismo tiempo que lo dicen de memoria. Durante este momento ponga música alegre de fondo para animar el ambiente. (Para otras dinámicas de memorización, consulte el libro *Fácil y divertido, Cómo Memorizar Versículos,* de la serie *Secretos para Enseñar* de Senda de Vida.)

Trabajo opcional. Los niños harán una bolsa para meter una botellita o recipiente de agua. Use tela, aguja grande, hilo de lana o hilo grueso y elementos para decorar. Ensarte la aguja con la lana o el hilo. Corte un rectángulo de tela, dóblelo por la mitad y cosa los bordes para cerrar el bolsito. Con la tela haga un asa (colgantes) para colgar el botellón y péguelo en la bolsita que cosieron previamente. Se puede decorar haciéndole puntadas en los bordes. Cada uno puede decorar el bolsito a su gusto y colocar dentro una botellita de agua que pueden llevar a todas partes para que no sientan sed.

Vencedores

Actividad introductoria. Ofrezca a los niños algún comestible que sea muy dulce o algo muy salado como mermelada o galletas de soda para que les dé sed (no les dé nada de tomar ni para acompañarlo). Invítelos a dar una corta caminata alrededor del edificio mientras repiten el versículo para memorizar. Al regresar, seguramente tendrán sed, así que pregunte: "¿Cuántos quieren agua?". Tenga lista una jarra de agua fría y vasos. Muestre la jarra y sírvales agua. Mientras se refrescan comente cuán refrescante es tomar agua cuando tenemos sed. Concluya diciendo que la historia de hoy trata de un milagro realizado con este precioso líquido.

Versículo para memorizar. "Lo que es imposible para los hombres, es posible para Dios" (Lucas 18:27). Pida a los niños que se sienten en círculo y luego nombre a uno de ellos para que diga la primera parte del versículo, enseguida el de la izquierda debe decir la segunda parte y el siguiente la cita bíblica. Repita esta dinámica varias veces de manera que todos los niños participen. (Encuentre otras dinámicas para memorizar en el libro *Fácil y divertido, Cómo Memorizar Versículos* de la serie *Secretos para Enseñar* de Senda de Vida.)

Trabajo opcional. Los niños harán una bolsa para meter una botellita de agua. Usarán tela, aguja grande, hilo de lana o hilo grueso y elementos para decorar en tela. Ensarte la aguja con la lana o el hilo. Corte un rectángulo de tela, dóblelo por la mitad y cosa los bordes para cerrar el bolsito. Con la tela haga un asa (colgantes) para colgar y péguela en la bolsita que cosieron previamente. Se puede decorar haciéndole puntadas en los bordes. Cada uno puede decorar el bolsito a su gusto. Dentro de la bolsita colocarán una botellita de agua que pueden llevar a todas partes… para cuando sientan sed.

Mensajeros

Actividad introductoria. Lleve a los niños al patio y diríjalos a que realicen un juego activo (puede ser fútbol, voleibol, carreras, ejercicios, etc.). Asegure que las condiciones del patio sean adecuadas para evitar accidentes. Después de un tiempo prudencial termine el juego y llévelos a una fuente de agua o tenga lista una jarra con agua. Entregue vasos para que puedan tomar agua. Llévelos nuevamente al salón de clases y pregúnteles: ¿les gustó el juego? ¿Cómo se habrían sentido si no hubieran tenido agua para tomar? Después de escucharlos diga que hoy les va a hablar de un grupo de soldados que no tenía agua que tomar en el desierto.

Versículo para memorizar. "Nada hay imposible para Dios" (Lucas 1:37). Lea el versículo directamente de la Biblia y explíquelo. Pida a los niños que se pongan de pie y formen un círculo. Asigne una palabra del texto a cada niño, comenzando con la palabra "Nada", y terminando con "Dios". Haga que todos los niños se agachen y cuando usted lo indique, cada uno en orden se pondrá de pie, dará un salto y dirá la palabra que le correspondió. Repita esta dinámica varias veces hasta que todos puedan hacerlo rápidamente. Asegúrese de que todos saben el texto preguntándolo individualmente.
(Encuentre otras dinámicas para memorizar en el libro *Fácil y divertido, Cómo Memorizar Versículos* de la serie *Secretos para Enseñar*, de Senda de Vida.)

Trabajo opcional. Lleve a los niños al patio y fórmelos en dos grupos. Ellos deben correr hacia una meta previamente indicada en el término que usted señale. Cuando diga: "Agua en el desierto", todos deben correr hacia la meta. Al final gana el grupo que llegue en menos tiempo. Después llévelos al aula y bríndeles un refresco.

Clausura

Felicite a los niños por su participación en los distintos segmentos de la lección de hoy. Anímelos a poner en práctica lo que aprendieron. Dé por concluida la clase con una oración.

Ayudas visuales

Recorte las figuras y péguelas en retablos de cartoncillo. Al momento de hacer la narración muéstrelas según se indica en la historia.

Estimado Maestro: Recuerde al líder de su ministerio o al pastor que ya es tiempo de ordenar el nuevo material de estudios.

Unidad II: Dios nos cuida

20 ¡Llena las vasijas!

Base bíblica
2 Reyes 4:1-7

Versículo para memorizar
Para Conquistadores: "Por nada estéis afanosos, sino sean conocidas vuestras peticiones delante de Dios en toda oración y ruego, con acción de gracias" (Filipenses 4:6).
Para Vencedores y Mensajeros: "Él nos oye en cualquiera cosa que pidamos" (1 Juan 5:15).

Verdad central
Si clamamos a Dios en momentos de necesidad Él nos responde.

Objetivos
Al finalizar la lección, los estudiantes podrán:
1. Explicar el milagro que Dios hizo mediante Eliseo para ayudar a la viuda.
2. Reconocer que Dios responde sus peticiones.
3. Agradecer a Dios por suplir sus necesidades.

Materiales
Conquistadores: Biblia, libro del alumno, libro de figuras, vasijas, cartulina, botella plástica de aceite y barro o plastilina.
Vencedores: Biblia, libro del alumno, libro de figuras, una botella plástica de aceite, cuadros de personas, globos inflados y plastilina.
Mensajeros: Biblia, libro del alumno, libro de figuras, vasija, cartulina, botella plástica de aceite, hojas y tinajas pequeñas de barro.

Lectura bíblica
2 Reyes 4:1 Una mujer, de las mujeres de los hijos de los profetas, clamó a Eliseo, diciendo: Tu siervo mi marido ha muerto; y tú sabes que tu siervo era temeroso de Jehová; y ha venido el acreedor para tomarse dos hijos míos por siervos.
2 Y Eliseo le dijo: ¿Qué te haré yo? Declárame qué tienes en casa. Y ella dijo: Tu sierva ninguna cosa tiene en casa, sino una vasija de aceite.
3 El le dijo: Vé y pide para ti vasijas prestadas de todos tus vecinos, vasijas vacías, no pocas.
4 Entra luego, y enciérrate tú y tus hijos; y echa en todas las vasijas, y cuando una esté llena, ponla aparte.
5 Y se fue la mujer, y cerró la puerta encerrándose ella y sus hijos; y ellos le traían las vasijas, y ella echaba del aceite.
6 Cuando las vasijas estuvieron llenas, dijo a un hijo suyo: Tráeme aún otras vasijas. Y él dijo: No hay más vasijas. Entonces cesó el aceite.
7 Vino ella luego, y lo contó al varón de Dios, el cual dijo: Vé y vende el aceite, y paga a tus acreedores; y tú y tus hijos vivid de lo que quede.

Datos sobre el pasaje bíblico
Mantener la fe en Dios en medio de la dificultad para muchas personas resulta difícil sobre todo para aquellos que tienen una fe débil. Por eso es necesario afianzar en lo más profundo del corazón de nuestros alumnos la importancia de mantener la fe en Dios, sin importar las circunstancias que nos rodeen. Porque la fe consiste en esperar aquello que no vemos y que muchas veces no entendemos. El pasaje menciona a una mujer de fe en medio de una crisis terrible: su esposo muere y la deja endeudada. Como consecuencia de su pobreza, se ve obligada

a tener que entregar a sus hijos como esclavos para saldar sus deudas. De acuerdo con la ley de los hebreos los hijos eran considerados propiedad de sus padres, quienes tenían derecho a disponer de ellos para el pago de deudas. Y en caso de pobreza, la ley les permitía venderse ellos mismos y sus hijos (Éxodo 21:7; Levítico 25:39). El aceite era usado como alimento, para ungir el cuerpo después de un baño, y para ungir a los muertos. Algunos piensan que esta vasija de aceite era la que la viuda había conservado para su funeral (Mateo 26:12). Mientras hubiera una vasija para llenar, habría suficiente aceite; y solo cesó de fluir el aceite cuando se acabaron las vasijas para recibirlo.

¡Es tiempo de empezar!

Salude a los niños conforme van llegando. Inicie la clase entonando algunas alabanzas. Enseñe a sus niños la importancia de adorar al Señor con un espíritu sincero. Use CD y videos para acompañar la alabanza ya que esto motivará a los niños.

Pida a uno de sus alumnos que reciba las ofrendas y otro que ore para dar gracias por ellas. Haga un repaso de la clase anterior por medio de preguntas.

Aplicación

¿Creen que Dios los cuida de la misma forma que lo hizo con la viuda? ¡Claro que sí! Él te cuida y te provee lo que necesitas.

Dios conoce tu necesidad, por eso no debes desesperarte sino tener fe y mantenerte fiel a su Palabra. La viuda no cuestionó a Eliseo ni a Dios, sino que creyó; se mantuvo fiel a Él y lo obedeció. Muchas veces creemos que Dios no responde a las peticiones pero no es así; Él siempre responde.

Pida a los niños que piensen en las peticiones que tienen y ore por ellos. Explique que ellos son como una vasija que

Historia bíblica

(Adapte la historia de acuerdo a la edad de sus alumnos. Recomendamos utilizar un lenguaje sencillo para los *Mensajeros*.)

Hace mucho tiempo vivía una mujer con sus dos hijos. Su esposo había muerto y ellos no tenían ningún medio de sustento; por eso, no tenían dinero ni siquiera para comer. Un día, la señora recibió la visita de un hombre que vino a cobrarle un dinero que su esposo le debía desde antes de morir. La deuda era exageradamente alta y la señora le dijo que ella no tenía dinero para pagarle. El hombre enojado le respondió: —Si no tienes dinero, me llevaré a tus hijos como esclavos para que con su trabajo me paguen la deuda.

—¡No! ¡Eso no! —dijo la viuda. El hombre firmemente le contestó: —Cuando regrese, quiero el dinero o a tus hijos. La viuda se entristeció, porque no quería perder a sus hijos; pero ella amaba a Dios y sabía que Él podía ayudarla. Entonces fue a buscar a Eliseo, un profeta de Dios para contarle lo que le sucedía. Después de escucharla, el profeta le preguntó: —¿Qué tienes en tu casa?—.

La mujer le contestó: —No tengo nada, excepto una vasija de aceite—.

Era imposible que aquella mujer pudiera obtener dinero sólo con una vasija de aceite. Pero Eliseo sabía que para Dios no hay nada imposible. —Ve a donde tus vecinos y pídeles prestadas todas las vasijas vacías que tengan, no pocas, sino muchas. Luego, enciérrate con tus hijos y llena cada vasija con el aceite que tienes. —le dijo el siervo de Dios. La mujer pudo reírse y decirle a Eliseo que esa idea era absurda. Después de todo, ella sólo tenía una vasija de aceite. —¿Cómo llenaría tantas vasijas con tan poco aceite?—. Sin embargo, ella tuvo fe en lo que dijo el profeta. Al regresar a su hogar envió a sus hijos a pedir vasijas por el vecindario. Cuando consiguió todas las que pudo, se encerró con sus hijos y comenzó a llenarlas de aceite, tal y como Eliseo le dijo. Pero algo milagroso ocurrió… echaban y echaban aceite y no se terminaba. (*Muestre la escena de la viuda y sus hijos llenando las vasijas.*) Ya habían llenado casi todas las vasijas; sólo faltaba una, así que procedieron a llenarla, y cuando esta se llenó, el aceite cesó. La señora buscó al profeta Eliseo y le contó lo sucedido. —"Ve y vende el aceite, paga tu deuda y con el dinero que te quede, vive con tus hijos" —le dijo el profeta.

Dios vio la necesidad de la viuda y no sólo le dio suficiente para pagar su deuda, sino también para comprar alimento, ropa y otras necesidades para ella y sus hijos.

Dios desea llenar con bendiciones y que una forma en que los bendice es supliendo lo que les falta.

Dinámica para el repaso

Lleve una botella plástica de aceite sellada y realice un juego similar a la papa caliente. La botella debe pasar por los niños de mano en mano, mientras usted de espalda repite: "aceite para la viuda, aceite para la viuda…".

Cuando pare de repetir, el niño que tenga la botella en su mano deberá responder una pregunta relacionada con la lección.
1. ¿Cuántos hijos tenía la viuda? *Dos.*
2. ¿A quién le contó el problema la viuda? *Al profeta Eliseo.*
3. ¿Qué le pidió Eliseo a la viuda que recogiera entre sus vecinos? *Vasijas vacías.*
4. ¿Qué hizo la mujer con las vasijas vacías? *Las llenó de aceite y luego las vendió.*
5. ¿Qué hizo con el dinero de la venta del aceite? *Pagó la deuda y le sobró.*

Ejercicio del libro
Cada estudiante pasará al frente y tomará su libro o la hoja con la clase. Explique los ejercicios correspondientes a la clase. Esté seguro de que todos comprenden lo que van hacer y asígneles un tiempo adecuado para trabajar.

Actividades específicas para cada edad

Conquistadores
Actividad introductoria. Le sugerimos que dé comienzo a la clase distribuyendo plastilina o arcilla para que los alumnos moldeen vasijas. Mientras ellos van dándole forma a sus vasijas, converse con ellos sobre el uso que hoy se les da a estas, y explíqueles que en los tiempos bíblicos las vasijas eran muy importantes, ya que no existían refrigeradores, latas con tapas, neveras portátiles ni recipientes plásticos que mantuvieran el agua, aceite o bebidas frescas. En la antigüedad cada casa tenía vasijas para guardar sus alimentos y bebidas. En la lección de hoy veremos un suceso milagroso que ocurrió con unas vasijas porque Dios es fiel para suplir nuestras necesidades y pobrezas.

Versículo para memorizar. "Por nada estéis afanosos, sino sean conocidas vuestras peticiones delante de Dios en toda oración y ruego, con acción de gracias" (Filipenses 4:6). Explique el versículo y haga que sus alumnos lo lean dos veces en la Biblia. Escriba en una hoja de papel el versículo, trazando líneas en lugar de algunas palabras (haga copias para todos). En la pizarra escriba un banco de palabras (las que completen el versículo y otras). Entregue las hojas y pídales que completen el texto. Cuando todos lo completen, que lo lean varias veces hasta memorizarlo. Pida que se lo pregunten unos a otros. (Para otras dinámicas de memorización, consulte el libro *Fácil y divertido, Cómo Memorizar Versículos,* de la serie *Secretos para Enseñar* de Senda de Vida.)

Trabajo opcional. Lleve una vasija de barro para cada niño. Necesitara también témperas de colores y pinceles. Pida a los niños que decoren las vasijas a su gusto. Aparte, que escriban en papelitos sus necesidades, los envuelvan y los coloquen dentro de sus tinajas. Cuando Dios supla alguna necesidad, deben sacar el papelito de allí y dar gracias a Dios por responderles.

Vencedores
Actividad introductoria. Muestre a los niños cuadros de personas haciendo actos de bondad. Pídales que describan lo que sucede en los cuadros. Hágales notar las expresiones de las personas, enfatice que cuando vemos personas con necesidad es bueno poder ayudarlos. En la historia de hoy veremos como un hombre de Dios ayudó a una mujer sola con sus hijos, en una necesidad muy grande.

Versículo para memorizar. "Él nos oye en cualquiera cosa que pidamos" (1 Juan 5:15). Escriba las palabras del versículo sobre globos inflados. Decore el salón con los globos. Lea el versículo y explíquelo. Escoja a varios niños para que tomen un globo y los organicen de acuerdo al texto. Luego, cada niño en orden dice en voz alta la palabra de su globo. Repita varias veces y cambie a los niños cada vez. Termine cuando todos lo puedan decir sin ver leer las palabras de los globos. (Para otras dinámicas de memorización, consulte el libro *Fácil y divertido, Cómo Memorizar Versículos,* de la serie *Secretos para Enseñar* de Senda de Vida.)

Trabajo opcional. Forme a la clase en cuatros grupos y déles suficiente plastilina a cada equipo. Pídales que formen varias tinajas. Mientras trabajan pregúnteles qué sucedió con las tinajas en la historia de hoy.

Mensajeros

Actividad introductoria. Lleve a la clase una botella de aceite de las más grande (que no tenga aceite para que la llene de agua), botellitas pequeñas vacías o vasos pequeños y ponga todo sobre una mesa. Muestre el recipiente de aceite y pregunte a los niños "¿cuántos frasquitos vacíos se pueden llenar con esta botella?". Deje que ellos respondan y mientras tanto llene los frascos hasta donde le alcance el agua. Pregunte: "¿Por qué no logré llenar todos los recipientes?". Espere sus comentarios. Dígales que para la clase de hoy invitamos a un niño que nos va a contar un milagro que Dios hizo con su familia multiplicando el aceite que tenían en una tinaja.

Versículo para memorizar. "Él nos oye" (1 Juan 5:15). Lea el versículo directamente de la Biblia y explíquelo. Pida a los niños que se pongan de pie y formen un círculo, y mientras caminan dando vueltas que repitan el texto. Pregúntelo individualmente. (Encuentre otras dinámicas para memorizar en el libro *Fácil y divertido, Cómo Memorizar Versículos* de la serie *Secretos para Enseñar*, de Senda de Vida.)

Trabajo opcional. Lleve una vasija de barro para cada niño. Necesitará también témperas de colores y pinceles. Pida a los pequeños que decoren las vasijas a su gusto. Aparte escríbales en papelitos sus necesidades. Déle los papelitos para que ellos los envuelvan y los coloquen dentro de sus tinajas. Cuando Dios supla alguna necesidad, deben sacar el papelito de allí y dar gracias a Dios.

Clausura
Despida a los alumnos con una oración de gratitud a Dios por la clase. Estimúlelos a traer un invitado y motívelos a venir a la próxima clase.

Ayudas visuales
Recorte la escena del libro de figuras que acompaña este texto. Estudie la lección para que sepa el momento exacto en que debe presentarlas.

SERMONES ILUSTRADOS PARA NIÑOS

Es un libro que contiene enseñanzas ilustradas con objetos, manualidades y diversas actividades rápidas y sencillas para que aprendan conceptos acerca de Dios y de la vida cristiana.

Unidad II: Dios nos cuida

21 Dios protege lo que es tuyo

Base bíblica
2 Reyes 4:16-37; 8:1-6

Versículo para memorizar
Para Conquistadores:
"Aunque afligido yo y necesitado, Jehová pensará en mí. Mi ayuda y mi libertador eres tú; Dios mío" (Salmo 40:17).
Para Vencedores y Mensajeros: "Jehová pensará en mí" (Salmo 40:17).

Verdad central
Dios cuida nuestra vida y de todo lo que nos pertenece.

Objetivos
Al finalizar esta enseñanza los alumnos estarán en condiciones de:
1. Conocer que Dios tiene cuidado de su vida y de sus pertenencias.
2. Considerar cómo cuida Dios a su familia.
3. Recordar que Dios cuida de todo lo que le pertenece.

Materiales
Conquistadores: Biblia, libro del alumno, libro de figuras, copia de la historia bíblica, cartulina, bolsa de papel, hilo de lana, papel de colores, tijeras, pegamento, revistas y láminas con figuras bíblicas.
Vencedores: Biblia, libro del alumno, libro de figuras, plastilina, tarjetas de cartulina, hojas de papel y lápices de colores.
Mensajeros: Biblia, libro del alumno, libro de figuras, cartón, creyones, recortes de revistas, pegamento, papel, lápices de colores y cartón.

Lectura bíblica
2 Reyes 4:16 Y él le dijo: El año que viene, por este tiempo, abrazarás un hijo. Y ella dijo: No, señor mío, varón de Dios, no hagas burla de tu sierva.
17 Mas la mujer concibió, y dio a luz un hijo el año siguiente, en el tiempo que Eliseo le había dicho.
18 Y el niño creció...
32 Y venido Eliseo a la casa, he aquí que el niño estaba muerto tendido sobre su cama.
33 Entrando él entonces, cerró la puerta tras ambos, y oró a Jehová.
36 Entonces llamó él a Giezi, y le dijo: Llama a esta sunamita. Y él la llamó. Y entrando ella, él le dijo: Toma tu hijo.
8:1 Habló Eliseo a aquella mujer a cuyo hijo él había hecho vivir, diciendo: Levántate, vete tú y toda tu casa a vivir donde puedas; porque Jehová ha llamado el hambre, la cual vendrá sobre la tierra por siete años.
2 Entonces la mujer se levantó, e hizo como el varón de Dios le dijo; y se fue ella con su familia, y vivió en tierra de los filisteos siete años.
3 Y cuando habían pasado los siete años, la mujer volvió de la tierra de los filisteos...
4 Y había el rey hablado con Giezi, criado del varón de Dios, diciéndole: Te ruego que me cuentes todas las maravillas que ha hecho Eliseo.
5 Y mientras él estaba contando al rey cómo había hecho vivir a un muerto, he aquí que la mujer, a cuyo hijo él había hecho vivir, vino para implorar al rey por su casa y por sus tierras. Entonces dijo Giezi: Rey señor mío, esta es la mujer, y este es su hijo, al cual Eliseo hizo vivir.
6 Y preguntando el rey a la mujer, ella se lo contó. Entonces el rey ordenó a un oficial, al cual dijo: Hazle devolver todas las cosas que eran suyas, y todos los frutos de sus tierras desde el día que dejó el país hasta ahora.

Datos sobre el pasaje bíblico

Eliseo pasaba por Sunem en sus viajes periódicos desde el Carmelo, donde vivía, a Jezreel la capital. Al principio, hacía estos viajes en un solo día. Pero al ir avanzando en años se cansaba demasiado. Una mujer de Sunem le invitó a quedarse en su casa. Esto se transformó en una costumbre. Los siete años de hambre seguramente ocurrieron a mediados del reinado de Joram, antes de la sanidad de Naamán. Por causa de una hambruna, Eliseo le había aconsejado a la sunamita que se fuera a otra región, y ella, siguiendo el consejo, se refugió en la tierra de los filisteos permaneciendo allí durante siete años. Cuando volvió, tuvo dificultades para establecer el derecho de sus propiedades. "Clamar al rey", el verbo era un término legal que expresaba la idea de "reclamar", que también se traduce como "presentar una demanda, hacer una reclamación". Giezi el sirviente de Eliseo se hallaba con el rey en Samaria, y el hecho de conocer a la sunamita sirvió para que el rey decidiera devolverle sus propiedades.

¡Es tiempo de empezar!

Reciba a sus alumnos con alegría y salúdelos por su nombre. Después diríjalos en una oración agradeciendo a Dios por tenerlos nuevamente en su casa de oración. Seguidamente entone cánticos conocidos para que todos participen. Pase lista y felicítelos por su asistencia a la clase bíblica.

Aplicación

El amor y protección de Dios hacia la sunamita y su familia fueron inigualables. Dios sabía que en el corazón de ella había sinceridad, bondad y amor hacia Él. Dios también cuida de nosotros y de todo lo que nos pertenece. Pida a los niños que mencionen cómo Dios ha tenido cuidado de ellos y de sus pertenencias. Inicie dando ejemplos de su vida.

Por último, pida a los niños que hagan una oración de agradecimiento a Dios por su cuidado.

Historia bíblica

(Adapte la historia de acuerdo a la edad de sus alumnos. Recomendamos utilizar un lenguaje sencillo para los Mensajeros.)

Eliseo fue un profeta que viajaba a diferentes lugares de su país cumpliendo con lo que Dios le mandaba. Uno de los lugares que visitaba con frecuencia era Sunem. En esa ciudad vivía una mujer que tenía muchas riquezas y buenos sentimientos. Cada vez que Eliseo pasaba por aquella casa, ella le hacía pasar. Qué grato era para él estar con esa familia, aunque fuera sólo un rato, porque siempre lo atendían bien. Esta señora un día habló con su esposo, para construirle una habitación al profeta, pues ella sabía que era un hombre de Dios. La presencia de Eliseo en aquella casa trajo grandes bendiciones. El profeta quiso bendecir a la mujer por los constantes favores y atenciones desinteresadas, entonces pensó:

—"¿Qué puedo hacer por ella para bendecirla? Cosas materiales no necesita, pues tiene muchas riquezas, ¿qué necesitará?"—.

De repente el profeta se dio cuenta que esa pareja no tenía hijos; de manera que le dijo a ella: —"El año que viene tendrás un hijo". Y sucedió como el profeta dijo, tuvieron un precioso niño. Pasado el tiempo, el niño se enfermó y murió. Inmediatamente la madre fue a buscar a Eliseo y le contó la triste noticia. El profeta decidió ir a la casa de ella y oró por el niño, el cual repentinamente abrió sus ojos y ¡volvió a la vida! La madre estaba asombrada, rebosante de alegría y muy agradecida. Un tiempo después, el profeta supo que Dios enviaría un período de hambre que duraría siete años. Así que le dijo a la mujer: —Toma tu familia y vete a donde puedas, porque Dios enviará una hambruna a esta región.

Ella le contó a su esposo lo que el profeta le dijo y decidieron irse a la tierra de los filisteos. Durante siete años vivieron en esa tierra desconocida. ¡Cuánto extrañaban a Sunem! Terminado el tiempo de la escasez, la sunamita, su esposo y su hijo emprendieron el viaje de regreso a su país. Pero al llegar tuvieron dificultades para recuperar sus tierras, por lo que ella se entristeció mucho y pensó ir adonde el rey a presentar su problema. Mientras tanto, en el palacio se encontraba Giezi, el sirviente de Eliseo, platicando con el rey y narrándole todos los milagros que había realizado el profeta. El rey estaba absorto escuchando a Giezi, que también le contó cómo milagrosamente Eliseo había resucitado al único hijo de una mujer de ese lugar. En ese mismo instante entró la sunamita al palacio, y Giezi dijo:

—"¡Esta es la mujer y este es su hijo, mi señor rey!". *(Muestre la escena de la sunamita en el palacio del rey.)* Entonces el rey le pidió a la mujer que le contara cómo había sucedido el milagro. Al conocer el rey la razón por la que ella había ido al palacio, ordenó que se le devolvieran todas las cosas que le pertenecían, y todos los frutos de sus tierras desde el día que había dejado el país hasta ese momento.

La sunamita no pudo ocultar su alegría, y seguramente se postró ante el rey para agradecerle aquel acto tan generoso. Dios no sólo la había cuidado a ella y a su familia mientras estuvo lejos, también había cuidado de sus bienes y de todo lo que le pertenecía.

Dinámica para el repaso

Escriba en una hoja las preguntas y respuestas que usará para el repaso. Recorte varias tarjetas de cartulina. Escriba separadamente en las tarjetas las preguntas y las respuestas. Revuelva las tarjetas y por la parte de atrás enumere las tarjetas en orden comenzando por el 1. En el momento del repaso coloque las tarjetas en el piso, con los números hacia arriba y ordenados (como se muestra en la ilustración). Cada niño en su turno destapará sólo dos tarjetas, procurando conseguir la pregunta con su respuesta. Si logra destapar la pareja correcta de tarjetas se queda con ellas. Al final, ganará el que tenga más parejas de tarjetas. Para los *Mensajeros* escriba una pregunta en cada tarjeta y colóquelas sobre una mesa. Cada niño escogerá una tarjeta usted le lee la pregunta y ellos la responden.

Ejercicio del libro

Tenga su libro abierto en la página que corresponde y dé las instrucciones precisas de los ejercicios que desarrollarán hoy. Después pida a un voluntario que entregue las hojas (o los libros) a cada niño y dé la orden para que empiecen a trabajar. Acérquese a cada uno para verificar que estén trabajando según las indicaciones.

Actividades específicas para cada edad

Conquistadores

Actividad introductoria. Divida la clase en tres grupos. Entregue una copia de la historia bíblica a los grupos para que la lean. Luego explique que cada grupo debe hacer títeres de algunos personajes de la historia para luego personificarlos. Unos harán a la viuda, su esposo y su hijo. Otro grupo hará al profeta y su ayudante, y un tercer grupo al rey y a sus siervos. La idea es que entre todos representen la historia. Para hacer los títeres entrégueles bolsas de papel y que le dibujen la cara con marcadores. Pueden pegarle lana para hacer el cabello o papel de colores para confeccionar accesorios. Y cuando los títeres estén listos… ¡que comience la función!

Versículo para memorizar. "Aunque afligido yo y necesitado, Jehová pensará en mí. Mi ayuda y mi libertador eres tú; Dios mío" (Salmo 40:17). Dé a los niños una hoja de papel y lápices. Dígales que expliquen, por escrito, lo que ellos comprenden acerca del versículo, y luego, que lean al resto de la clase su composición. Luego pídales que lo repitan varias veces hasta memorizarlo. (Para otras dinámicas de memorización, consulte el libro *Fácil y divertido, Cómo Memorizar Versículos,* de la serie *Secretos para Enseñar* de Senda de Vida.)

Trabajo opcional. Forme a la clase en grupos de cuatro. Entregue a cada grupo una cartulina grande para hacer una cartelera. Entrégueles revistas y láminas con figuras bíblicas y contemporáneas que respalden la enseñanza de hoy; también próvales de tijeras y pegamento. Pídales que escriban el título de la clase. Luego, que busquen en las revistas y las láminas los elementos que puedan ilustrar cómo Dios los cuida y después que los peguen en la cartelera. Debajo de estos que le escriban un mensaje. Si tiene tiempo permítales mostrar a los demás el trabajo realizado.

Vencedores

Actividad introductoria. Entregue a los alumnos un pedazo de plastilina y pida que moldeen una casa y los diferentes miembros de una familia. Mientras ellos trabajan, converse acerca de las necesidades que tienen una familia y quién las suple. Permita que ellos participen, aportando sus comentarios. Guíe la conversación hacia los cuidados que Dios tuvo con Noé y su familia, y hacia el tema de la clase de hoy.

•85

Versículo para memorizar. "Jehová pensará en mí" (Salmo 40:17). Escriba cada palabra del versículo en diferentes tarjetas (haga dos juegos) y entregue una tarjeta a cada estudiante. Escriba el versículo en la pizarra y pídales que armen el versículo. Explique que cada palabra está repetida dos veces y que por esa razón al armarlo van a quedar dos grupos. Pida que esos grupos se mantengan unidos para que memoricen el texto. (Para otras dinámicas de memorización, consulte el libro *Fácil y divertido, Cómo Memorizar Versículos,* de la serie *Secretos para Enseñar* de Senda de Vida.)

Trabajo opcional. Designe un espacio para hacer un mural. Entregue hojas de papel y lápices de colores y marcadores. Pida a los alumnos que hagan un dibujo de sus familias y luego lo peguen en el mural. Debajo del dibujo deben escribir una frase de agradecimiento a Dios por alguna bendición específica que su familia haya recibido.

Mensajeros

Actividad introductoria. Lleve recortadas fotografías de casas (puede sacarlas de revistas o periódicos). Coloque los recortes en la mesa y que cada uno escoja el que más le gusta. Luego, entrégueles una hoja de papel y lápices de colores. Pida que peguen el recorte de la casa en la hoja y con los colores le pinten un paisaje alrededor, como un río, un lago, el mar, montañas, etc. Seguidamente, escriba el nombre del niño en la parte posterior del dibujo, para luego quitárselos sin darles explicación. A continuación pregúnteles: "¿Qué sintieron cuando les quité los dibujos? ¿Cómo se sentirían si yo les rompiera y botara su dibujo?". Después de escuchar sus comentarios, dígales que en la clase de hoy hablaremos de cómo una mujer recuperó todo lo que le habían quitado. (Al final de la historia devuélvales el dibujo.)

Versículo para memorizar. "Jehová pensará en mí" (Salmo 40:17). Divida la clase en dos grupos. Divida el texto en dos partes; la primera: "Jehová" (puede cambiarla por Dios ya que esta es más fácil de pronunciar por los niños), y la segunda: "Pensará en mí". Enseñe cada frase al grupo correspondiente. Luego pida que, por turno, repitan la frase que les corresponde; después lo repetirán juntos, hasta memorizarlo. (Para otras dinámicas de memorización, consulte el libro *Fácil y divertido, Cómo Memorizar Versículos,* de la serie *Secretos para Enseñar* de Senda de Vida.)

Trabajo opcional. Arme una casa de cartón y dibuje con lápiz el techo y las ventanas. Seleccione el tamaño calculando para que un niño entre y salga de la casa agachado (puede hacerlo de una caja de 75 x 75 cm). Hágale dos salidas a la casa para que cada uno pueda entrar y salir. Entregue creyones a los niños para que pinten la caja. Permítales jugar con la caja. Recuérdeles que Dios tiene cuidado de todo lo que nos pertenece de nuestra familia, casa, mascotas, etc.

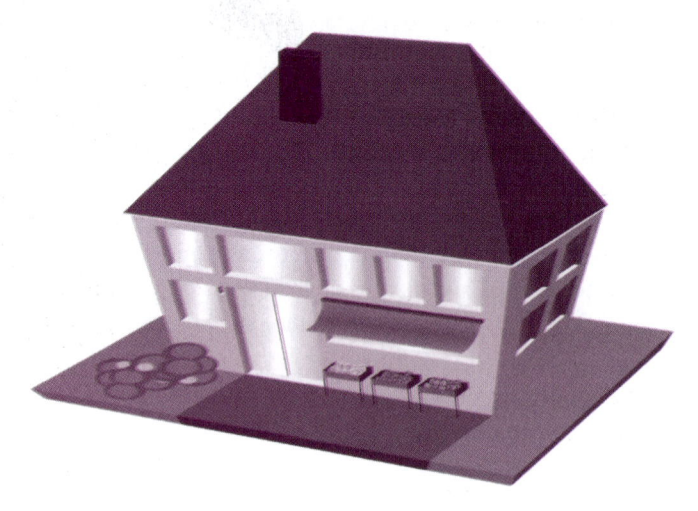

Clausura

Finalice la clase repartiéndoles galletas y refrescos. Al terminar su merienda, despídalos con cánticos alegres y una oración. Invítelos a llegar temprano la próxima semana.

Ayudas visuales

Recorte la escena que corresponde al estudio de hoy. Colóquela en un rectángulo de cartulina de un color oscuro (rojo o negro).

Unidad II: Dios nos cuida

22 Él es mi Pastor

Base bíblica
Salmo 23; Juan 10:1-15

Versículo para memorizar
Para Conquistadores: "Aunque ande en valle de sombra de muerte, no temeré mal alguno, porque tú estarás conmigo; tu vara y tu cayado me infundirán aliento" (Salmo 23:4).
Para Vencedores y Mensajeros: "No temeré, porque tú estarás conmigo" (Salmo 23:4).

Verdad central
Dios nos cuida del peligro y de todo mal.

Objetivos
Al finalizar este estudio los alumnos podrán:
1. Entender por qué David confiaba en Dios.
2. Agradecer a Dios porque siempre está dispuesto a cuidarlos.
3. Confiar en el Señor en momentos de peligro.

Materiales
Conquistadores: Biblia, libros del alumno, libro de figuras, hojas de papel, papel de colores, cartulina y cordón.
Vencedores: Biblia, libros del alumno, libro de figuras, pelota, ovejitas de juguete, cajas de gelatina vacías, algodón, pompón negro, pegamento, ojitos plásticos y fieltro color negro.
Mensajeros: Biblia, libros del alumno, libro de figuras, pelota pequeña, ovejitas de juguete, papel construcción blanco, algodón, pegamento y tijeras.

Lectura bíblica
Salmo 23:1 Jehová es mi pastor; nada me faltará.
2 En lugares de delicados pastos me hará descansar; junto a aguas de reposo me pastoreará.
3 Confortará mi alma; me guiará por sendas de justicia por amor de su nombre.
4 Aunque ande en valle de sombra de muerte, no temeré mal alguno, porque tú estarás conmigo; tu vara y tu cayado me infundirán aliento.
5 Aderezas mesa delante de mí en presencia de mis angustiadores; unges mi cabeza con aceite; mi copa está rebosando.
6 Ciertamente el bien y la misericordia me seguirán todos los días de mi vida, y en la casa de Jehová moraré por largos días.
Juan 10:7 Volvió, pues, Jesús a decirles: De cierto, de cierto os digo: Yo soy la puerta de las ovejas.
11 Yo soy el buen pastor; el buen pastor su vida da por las ovejas.
14 Yo soy el buen pastor; y conozco mis ovejas, y las mías me conocen,
15 así como el Padre me conoce, y yo conozco al Padre; y pongo mi vida por las ovejas.

Datos sobre el pasaje bíblico
No hay porción de la Escritura, excepto el Padre Nuestro, mejor conocida que el "Salmo del Pastor". Su belleza literaria y su visión espiritual no han sido superadas. Este salmo ha ganado para sí un lugar supremo en la literatura religiosa del mundo. En el Salmo 23 el autor no tiene un prefacio donde dé expresión a sus quejas por el dolor de la enfermedad o la traición de sus enemigos. Comienza y termina sólo con palabras de agradecimiento y reconocimiento por la perenne bondad de Dios.

La íntima relación con Dios que experimentaba el salmista se expresa en las dos imágenes que representan al pastor que protege a su rebaño, por un lado, y al huésped amante por el otro. Este poema debe gran parte de su belleza a la hábil mezcla de imágenes contrastantes que cubren la vida humana al aire libre, por un lado, y la vida bajo techo, por el otro; la paz pastoral y el peregrinaje a través del peligro, la posibilidad del mal y la expectativa del bien, los períodos que alimentan el vigor del alma y los tiempos de amenazadoras tinieblas. La experiencia de ser seguidor, y una vida de estable seguridad. Sin embargo, todas las facetas literarias de esta gema lírica son vistas a la luz del Señor, cuyo amoroso cuidado, incesante vigilancia y presencia perpetua, imparten a la vida todo su color y satisfacción.

¡Es tiempo de empezar!

Si lo desea, antes de la clase puede decorar el pizarrón con figuras alusivas al tema (en el libro de *Manualidades Bíblicas 5* de Senda de Vida encontrará algunas ideas). Invítelos a adorar a Dios con algunos de sus coros favoritos. Explique por qué es importante adorar al Señor. Dé tiempo a que expresen sus peticiones y para orar por ellas. Pase el platillo de la ofrenda de mano en mano y luego dé gracias por ellas. Explíqueles que todo lo que damos a Dios, nuestra alabanza, las expresiones de gratitud y las ofrendas, son parte de nuestra adoración a Dios. Si conoce alguna versión cantada del Salmo 23 o basada en este, enséñela a los niños.

Historia bíblica

La vida del rey David es inspiradora para muchas personas entre otras cosas porque: fue el valiente pastor de ovejas que desafió al gigante Goliat y lo venció. Fue coronado como el rey de Israel. Fue el intrépido guerrero que por fidelidad a su rey (Saúl) le perdonó la vida. Demostró fidelidad a su mejor amigo, Jonatán. El gran rey de Israel pasó por muchas experiencias tristes y alegres, algunas quizás muy emocionantes, otras muy apacibles; sin embargo, nunca olvidó las experiencias que vivió en su niñez. Es que pastorear las ovejas de su padre dejó huellas imborrables en él. Allí aprendió a tener una relación muy estrecha con Dios, que comparó con la de un pastor con sus ovejas cuando escribió el salmo 23.

David comienza este salmo expresando la confianza que se puede tener en alguien a quien uno conoce estrechamente: *Jehová es mi Pastor, nada me faltará. En lugares de delicados pastos me hará descansar*, literalmente habla de lugares donde el pasto es verde y tierno. (*Muestre la escena del pastor con sus ovejas.*) Las ovejas no se acuestan a descansar si no han satisfecho sus necesidades. Así mismo nuestro Señor suple todas nuestras necesidades materiales y espirituales. David continúa diciéndonos: *Confortará mi alma*, es decir reaviva, refresca y renueva mi persona. *Me guiará por sendas de justicia*, caminos rectos por donde Dios quiere que caminemos. ¡Ah! pero David sabía que vendrían momentos duros como los de la muerte, quizá de alguien muy querido, y hasta allí su confianza. *Aunque ande en valle de sombra de muerte... Tú estarás conmigo*, y este es el fundamento suficiente de toda su confianza; en su presencia hay fuerza, consuelo, descanso y esperanza. Pero allí no termina todo, él pudo expresar con esperanza: *Ciertamente el bien y la misericordia me seguirán... y en la casa de Jehová moraré por largos días*. Cuando esta vida concluya, el bien y la misericordia continuarán en un hogar eterno, en la presencia de Dios. ¡Qué relación más linda tenía David con el Señor!, una amistad que había cultivado en el correr de su vida. Sabemos que muchas veces no hizo lo recto delante de Él; pero tuvo el valor suficiente para reconocer su pecado, arrepentirse y apartarse de él. Así, día a día, se acercaba más al Señor, hasta el punto que se dice que fue un hombre según el corazón de Dios.

Aplicación

La experiencia del salmista, puede y debe ser la nuestra, sólo tenemos que pedirle al Señor Jesús que esté a nuestro lado siempre, que nos ayude a mantener una estrecha relación con Él. Dios no se aleja de nuestra vida, somos nosotros quienes nos alejamos cuando hacemos y decimos cosas que no le agradan. Para tener la seguridad del salmista David, es necesario que empecemos a alimentar nuestra relación con Dios mediante una vida devocional diaria. Leer la Biblia y hablar con Él por medio de la oración, son los primeros escalones para lograrlo. Una de las cosas que debemos recordar, es que este salmo no promete que nunca nos ocurrirá algo malo, lo que sí dice es que nuestro Pastor siempre estará a nuestro lado para cuidarnos y defendernos.

(Desafíe a los *Conquistadores* y *Vencedores* a que memoricen este salmo para que en tiempo de necesidad puedan recordar y recitar sus alentadoras palabras.)

Dinámica para el repaso

Pida a cada estudiante que escriba una pregunta en un papelito y le ponga su nombre. Luego colóquelas dentro de una bolsa. Revuelva las preguntas y cada alumno en turno debe pasar a tomar un papel (si es el suyo debe volverlo a meter y sacar otro). Lee la pregunta en voz alta y dice el nombre del que la escribió y responde la pregunta. Si no sabe la respuesta, quien la escribió debe decirla y ganará una calcomanía, un lápiz o cualquier otro detalle.

1. Mencione tres situaciones en las cuales podemos recordar al salmista David. *Pastor de ovejas, venciendo a Goliat, ungido como rey.*

2. ¿Por qué el salmista David pudo escribir con tanta confianza este salmo? *Porque vivía en íntima relación con Dios.*

3. ¿Cómo dice la Biblia que fue hallado David? *Conforme al corazón de Dios.*

Ejercicio del libro

El cambio de ambiente es importante para la motivación de los niños, por eso esta actividad la pueden desarrollar en un lugar diferente del aula. Entregue a cada niño su hoja de trabajo. Explique la actividad que van hacer y asegúrese de que todos comprendieron; dé la orden de iniciar.

Actividades específicas para cada edad

Conquistadores

Actividad introductoria. Entregue a cada niño una hoja de papel y un lápiz. Pida que hagan dos columnas. En una escriban las características que conozcan de la oveja y en la otra la del pastor (qué hace por ellas, cómo las cuida, etc.). Después que terminen pídales que compartan su información. Permita que entre todos encuentren detalles curiosos. Para un mejor desempeño de su papel como maestro investigue en libros o en el Internet acerca de este tema. Luego hágales saber cuán importante es que el pastor se relacione con sus ovejas puesto que ellas sólo escucharán su voz (diga otros comentarios curiosos de lo que investigó). Explique que hoy hablaremos de un hombre que relacionó los cuidados de Dios con los de un pastor por sus ovejas.

Versículo para memorizar. "Aunque ande en valle de sombra de muerte, no temeré mal alguno, porque tú estarás conmigo; tu vara y tu cayado me infundirán aliento" (Salmo 23:4). Permita que cada niño lea el texto directamente de la Biblia y lo repita varias veces. Luego pida que lo escriban en una hoja de papel varias veces hasta que lo aprendan. (Para otras dinámicas de memorización, consulte el libro *Fácil y divertido, Cómo Memorizar Versículos,* de la serie *Secretos para Enseñar* de Senda de Vida.)

Trabajo opcional. Los niños harán máscaras; unos pueden hacer ovejitas, otros leones y osos. Necesitará cartulina, papel de colores y cordón. Tenga trazadas y recortadas las siluetas de cada animal procurando que sean un poco más grandes que la cara de sus alumnos. Pruebe a los niños la careta y mida la separación de los ojos y la nariz para que perfore los agujeros. Cada niño puede decorar su máscara con papel y lápices de colores. Haga dos agujeros a los costados y pase un cordón por ellos, colóqueselas y áteselas con un nudo. Los niños pueden representar los cuidados de un pastor por sus ovejas y lo que hace para defenderlas (trate que no haya brusquedad, recuérdeles que sólo es una dramatización). Los niños pueden turnarse para representar diferentes roles.

Vencedores

Actividad introductoria. Lleve a la clase muñecos de peluches de ovejas o juguetes de ovejas, de cualquier color, tamaño o textura. Deje que los niños jueguen con ellos un tiempo moderado y luego pregúnteles: ¿han visto una oveja real? ¿Cómo son? ¿De qué está cubierto su cuerpo? ¿Dónde viven? ¿Qué comen? ¿Han conocido a alguien que cuide ovejas? Tenga una corta charla acerca de estos animalitos y luego diga: "En la clase de hoy hablaremos de alguien que se dedicaba a cuidar ovejas. Esta persona llegó a ser alguien importante. ¿Alguno sabe quién es? ¡Sí, David! Hoy hablaremos de David y un salmo muy hermoso que escribió".

Versículo para memorizar. "No temeré mal alguno, porque tú estarás conmigo" (Salmo 23:4). Escriba el versículo en la pizarra y explíquelo. Divídalo en tres partes, una la dirán todos los varones en voz alta, la siguiente usted y la última, las niñas. Cada vez que digan su parte, deben ponerse de pie. Repita esto varias veces y luego dé a los niños la última parte y a las niñas la primera. Anime a que lo memoricen, y luego pregúnteles individualmente el texto completo. (Para otras dinámicas de memorización, consulte el libro *Fácil y divertido, Cómo Memorizar Versículos,* de la serie *Secretos para Enseñar* de Senda de Vida.)

Trabajo opcional. Los niños harán una ovejita. Los materiales que necesitará son: una caja de gelatina vacía, bolitas de algodón, pompón negro, pegamento, ojitos plásticos y fieltro color negro. La caja se corta como está en la ilustración y se le pegan las bolitas de algodón; el pompón negro se coloca en la parte de arriba para que forme la cabeza y a este se le pegan los ojitos. El fieltro se corta en forma de patitas y se pega abajo (también puede usar cartulina negra). Y ya… ¡está lista la linda ovejita! Los niños pueden llevarla a casa, para que recuerden que ellos son como ovejas que Dios cuida.

Mensajeros

Actividad introductoria. Lleve a la clase muñecos de peluche de ovejas o juguetes de ovejas de cualquier color, tamaño o textura. Si vive en el campo o lugar donde hay ovejas puede llevar una a la clase o que los niños vayan a verlas. Deje que los niños jueguen con ellas un tiempo moderado y luego pregúnteles: "¿Han visto una oveja real? ¿Cómo son? ¿De qué esta cubierto su cuerpo? ¿Dónde viven? ¿Qué comen?, etc.". Luego diga, "¿Han conocido a alguien que cuide ovejas?".

En la clase de hoy hablaremos de alguien que se dedicaba a cuidar ovejas. Esta persona llegó a ser alguien importante. ¿Alguno sabe quién es? ¡Sí, David! Hoy hablaremos un salmo muy hermoso que escribió David.

Versículo para memorizar. "No temeré, porque tú estarás conmigo" (Salmo 23:4). Escriba el versículo en la pizarra y explíquelo. Divídalo en tres partes, una la dirán todos los varones en voz alta, la siguiente usted y la última las niñas. Cada vez que digan su parte, deben ponerse de pie. Repita esto varias veces y luego dé a los niños la última parte y a las niñas la primera. Anime a que lo memoricen preguntando individualmente el texto completo. (Para otras dinámicas de memorización, consulte el *libro Fácil y divertido, Cómo Memorizar Versículos,* de la serie *Secretos para Enseñar* de Senda de Vida.)

Trabajo opcional. Los niños harán una ovejita con la silueta de sus manos. Necesitará: papel construcción blanco, algodón, pegamento y tijeras. Dibuje en la cartulina la silueta de una mano (cada niño que haga la suya). Dibuje la carita y pinte las patitas de negro en la parte inferior de las manos. Recorte un ovalo pequeño para hacer la orejita y péguela. Rellene el cuerpo pegándole los pedacitos de algodón. La manualidad la pueden llevar a casa para que recuerden que Dios es nuestro pastor y nos cuida.

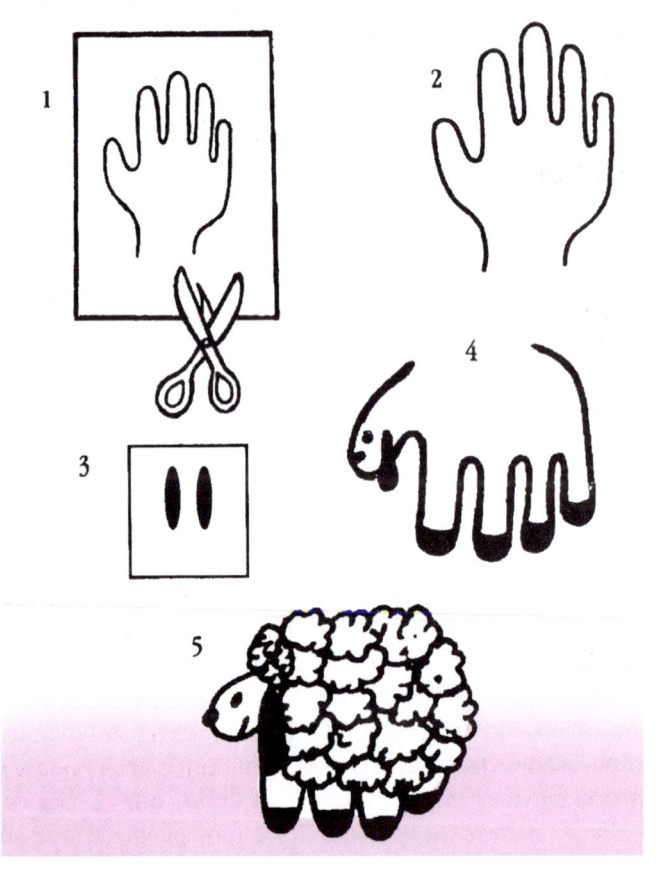

Clausura

Pregunte a los alumnos de qué manera aprovecharán lo que aprendieron en esta lección. Oriéntelos para que aprendan a creer y a depender de Dios como su protector.

Ayudas visuales

Recorte la escena del libro de figuras que acompaña nuestro material. Prepare el franelógrafo con un fondo como si fuera un campo: recorte hierba y árboles en papel crepé simulando el campo, péguelas en la parte inferior del franelógrafo. En el momento de la narración, pegue la figura sobre el campo.

Unidad II: Dios nos cuida

23 No temas: el Señor está contigo

Base bíblica
Salmo 34:1-8

Versículo para memorizar
Para Conquistadores y Vencedores: "El ángel de Jehová acampa alrededor de los que le temen" (Salmo 34:7).
Mensajeros: "A sus ángeles mandará acerca de ti" (Salmo 91:11).

Verdad central
Dios envía ángeles para cuidar a los que lo aman.

Objetivos
Al finalizar la clase los alumnos serán capaces de:
1. Entender que Dios envía a sus ángeles para que los protejan.
2. Experimentar el cuidado de Dios en momentos difíciles.
3. Recordar que Dios promete estar con los que lo aman.

Materiales
Conquistadores: Biblia, libro del alumno, libro de figuras, pañuelos, pelota, conitos de papel (filtros de colar café), bolita de *styrofoam*, pegamento, cinta y papel.
Vencedores: Biblia, libro del alumno, libro de figuras, cinta, marcador, papel dorado, tijera, pegamento, gancho para tender ropa, hilo de estambre, magnetos de goma y papel construcción.
Mensajeros: Biblia, libro del alumno, libro de figuras, bolas de papel, una caja, cinta de enmascarar, dibujo del ángel, lápices de colores, escarcha o papeles de colores y cartulina.

Lectura bíblica
Salmo 34:1 Bendeciré a Jehová en todo tiempo; su alabanza estará de continuo en mi boca.
2 En Jehová se gloriará mi alma; lo oirán los mansos, y se alegrarán.
3 Engrandeced a Jehová conmigo, y exáltenos a una su nombre.
4 Busqué a Jehová, y él me oyó, y me libró de todos mis temores.
5 Los que miraron a él fueron alumbrados, y sus rostros no fueron avergonzados.
6 Este pobre clamó, y le oyó Jehová, y lo libró de todas sus angustias.
7 El ángel de Jehová acampa alrededor de los que le temen, y los defiende.
8 Gustad, y ved que es bueno Jehová; dichoso el hombre que confía en él.

Datos sobre el pasaje bíblico
David fue el compositor de muchos de los cánticos de la Biblia que leemos y entonamos hoy en el Libro de los Salmos. El Señor usó a su siervo en muchas ocasiones y por esto su vida se menciona como ejemplo de fidelidad, valor y obediencia.
Como David fue elegido por el Señor como el sucesor del rey Saúl, Dios envió a Samuel a ungirlo (1 Samuel 16:4-13), según era la costumbre hebrea. Dotado de una gran capacidad para la música, David tocaba el arpa para el rey Saúl (1 Samuel 16:14-18) que lo mandaba a llamar para calmar su ánimo cuando estuvo preso de la demencia y acosado por los malos espíritus. Entonces David fue integrado a la corte del rey como escudero (1 Samuel 16:23) y comenzó a ganar popularidad entre la gente. En una oportunidad se enfrentó al gigante Goliat (1 Samuel 17) en defensa de su pueblo y lo venció. La espada del gigante fue posteriormente depositada en el tabernáculo de Gabaa (1 Samuel 21:9). Al continuar al servicio del rey, David hizo amistad con Jonatán, hijo de aquel, que lo ayudó a escapar de su padre en momentos de locura y celos. David siempre se mantuvo fiel al Señor pero tuvo que huir de la presencia del rey, porque este lo quería matar. Entonces se marchó a tierras enemigas, filisteas, en busca de refugio, y se

hizo pasar por loco, pero los filisteos no lo recibieron y fue expulsado por el rey Aquis (también llamado Abimelec). Luego debió volver a Judá y ocultarse en la cueva de Adulam. Al recobrar su confianza en Dios escribió este salmo de liberación que estudiaremos hoy. Este cántico expresa el temor, la angustia, el peligro y la aflicción que todo creyente experimenta, pero también la promesa de Dios de protección y cuidado.

¡Es tiempo de empezar!

A medida que sus niños vayan llegando salúdelos con entusiasmo y alegría. Provea un ambiente de seguridad y confianza; esto es muy importante para los niños de esta edad. A medida que entran colóqueles una calcomanía en el pecho y explíqueles que es por haber venido a la clase. Escuche las peticiones de oración que los niños tengan y ore por ellas. Diríjalos en unos cánticos de alabanza. Haga un repaso de la clase anterior con el títere que usó en ella.

Aplicación

David sintió los cuidados y protección de Dios, en las muchas ocasiones en que Saúl estuvo cerca. Quizás él no podía ver al ángel que Jehová había mandado para cuidarlo, pero sabía que estaba allí. Dios nos protege en todo momento. Él nos ama tanto que nos cuida con esmero. En cualquier peligro o dificultad en que nos encontremos, siempre enviará ángeles que nos protejan. Aunque no veamos a Dios o a sus ángeles, podemos sentir que nos cuidan y protegen. El Señor ha prometido que nunca nos va a dejar y así será.

Dinámica para el repaso

Diríjalos en el juego "Porterías ambulantes". Los niños se colocan en círculo, mirando al centro y con las piernas abiertas uno pegado al otro. Uno de los niños se coloca en el centro del círculo con un balón o una pelota más pequeña. Este lanza el balón o pelota tratando de meter goles a través de estas originales porterías. Los porteros se inclinan hacia delante y con las manos tratarán de impedir los goles. Cada jugador goleado responde una pregunta, si la respuesta es correcta sigue como portería, si no, sale del juego. Trate de que todos participen.

1. ¿Qué compuso David? *Muchos salmos.*
2. ¿Qué momento estaba viviendo cuando escribió el Salmo 34? *Dolor, soledad y abandono.*
3. ¿Qué nos promete Dios en el Salmo 34? *Su cuidado y protección.*
4. ¿Cómo demostró Dios en David la promesa del Salmo 34? *Cuidando su vida.*

Ejercicio del libro

Esconda las hojas o los libros en un lugar diferente del salón. Lleve a los niños a ese lugar y pida que busquen los

Historia bíblica

(Adapte la historia de acuerdo a la edad de sus alumnos. Recomendamos utilizar un lenguaje sencillo para los *Mensajeros*.)

David era el más pequeño de ocho hermanos. Por ser el menor, debía pastorear las ovejas de su padre Isaí. Siempre fiel y valiente, David defendía al rebaño de los osos y los leones. Desde muy joven le gustó la música y sabía tocar muy bien el arpa. Tiempo después compuso muchos de los salmos que leemos hoy en la Biblia. David fue ungido por Samuel, como era la costumbre para todo futuro rey. Saúl, quien reinaba por aquellos días, había sido desobediente a Dios y por eso el Señor no quería que su pueblo dependiera de él. Fue entonces que comenzó a sufrir depresión y ataques de locura, y mandó llamar a David. Cuando David tocaba, su música calmaba el espíritu del rey. Así ingresó él a la corte y enseguida llegó a ser escudero de Saúl. Luego se enfrentó al gigante Goliat y lo venció.

Pero después de esto David pasó situaciones terribles. Su vida corría peligro porque el rey, por envidia quería matarlo; así que, durante mucho tiempo vivió escondido y sin un lugar fijo donde estar. Durante este período se sintió solo y no podía estar tranquilo ni de día ni de noche porque pensaba que en cualquier momento Saúl y sus soldados podían encontrarlo y matarlo.

Quizás durante ese tiempo tampoco pudo ver a su familia o a sus amigos; posiblemente no pudo comer sus alimentos preferidos ni bañarse con tranquilidad. Fue en esos momentos difíciles de dolor, soledad y abandono, que David compuso el bello salmo 34. (Pida que busquen en la Biblia el Salmo 34 y que lo lean en forma antifonal desde el versículo 1 hasta el 8.) Este salmo, en su lenguaje original (hebreo), es alfabético. Cada versículo comienza con una de las letras que componen el abecedario hebreo. En los primeros versículos David escribe palabras hermosas que alaban y describen lo grande y poderoso que es Dios. (*Muestre la escena de David tocando el arpa*.)

También menciona las cosas que Dios nos da, y dice que *El ángel de Jehová acampa alrededor de los que le temen, y los defiende*. En medio de todo él sabía que Dios estaba con él.

En otro salmo (91:11), David vuelve a mencionar el cuidado que Dios nos envía por medio de los ángeles. Allí dice que los que aman a Dios estarán rodeados de ángeles que los guardarán para que no tropiecen y caigan.

David sabía que podía contar con que Dios lo cuidaría por siempre, es por esto que en momentos de dificultad y de tristeza encontró fortaleza en el Señor y continuamente lo alababa y bendecía.

Los momentos de angustia de David fueron cambiados por gozo y danza; la historia nos dice que fue uno de los más notables reyes que tuvo Israel.

libros o las hojas (aclare que sólo deben tomar una y luego sentarse). Cuando todos hayan encontrado su material para trabajar, explique lo que van a hacer. Asegúrese de que todos entiendan.

Actividades específicas para cada edad

Conquistadores

Actividad introductoria. Pida a los niños que formen grupos de tres y entrégueles un pañuelo. Explique que deben vendarle los ojos a uno del grupo. Los otros dos niños lo llevarán de la mano a caminar por el salón (o patio), cuidando que no tropiece. Luego deben turnarse de manera que todos pasen por la experiencia de caminar con los ojos vendados. Al terminar, pida a los alumnos que se sienten en círculos para que reflexionen acerca de ¿cómo se sintieron al tener que depender del cuidado de sus compañeros?, ¿confiaron en ellos o no? ¿Por qué? Cuando debían guiar al que estaba vendado, ¿se sentían responsables por él (o ella)? ¿por qué? ¿Qué hicieron para cuidarlo (a)? Luego, explíqueles la relación que existe entre la actividad realizada y el tema del estudio.

Versículo para memorizar. "El ángel de Jehová acampa alrededor de los que le temen" (Salmo 34:7). Explique el versículo a los niños. Divida la clase en dos grupos. Enseñe la primera parte del versículo a un grupo y la segunda al otro. Luego pida que se formen parejas con el equipo contrario. Cada pareja le repetirá al otro la parte que conoce. Las parejas que puedan decir el versículo completo sin equivocarse (ninguno de los dos), ganarán caramelos. (Para otras dinámicas de memorización, consulte el libro *Fácil y divertido*, *Cómo Memorizar Versículos,* de la serie *Secretos para Enseñar* de Senda de Vida.)

Trabajo opcional. Para hacer un ángel como manualidad necesitarán una bolita de *styrofoam* (foam), un conito de papel (filtro para colar café), un pedacito de cinta, un pedacito de hilo de colgar, un pedazo de papel o plástico perforado en forma de corazón y pegamento. Con la cinta arme un lacito. Déle al cono la forma del vestido o cuerpo del ángel (como se muestra en el dibujo) y añádale el lacito. Pegue el vestidito a la bolita de foam. Por la parte de atrás del corazón pegue el hilo de colgar. Por último pegue el corazón al vestidito del ángel. Los niños pueden poner el ángel como decoración en sus cuartos, para que recuerden que siempre hay ángeles a nuestro alrededor cuidándonos.

Vencedores

Actividad introductoria. Necesitará pelotas de papel (pida a los niños que le ayuden a hacerlas), una caja y cinta de enmascarar. Dirija a los niños en el juego: "Los guardianes". Pegue en el piso cinta de enmascarar formando un cuadrado. En el centro del cuadro coloque una caja y dos o tres niños alrededor de esta que serán los guardianes. Explique y haga énfasis a los "guardianes" que su trabajo es no permitir que ninguna pelota entre a la caja. Coloque fuera del cuadro a cinco niños y entrégueles las bolas de papel. Cuando usted dé la señal, los niños que están afuera tratarán de lanzar las bolas para meterlas dentro de la caja. Los guardianes deben cuidar que las pelotas no entren a la caja; para ello deben atrapar, bloquear o evadir las pelotas. Si tiene muchos alumnos divídalos en grupos de manera que todos participen. Al terminar reflexione con los niños acerca de la actividad realizada. ¿Hicieron lo posible por cuidar la caja? ¿Qué hicieron? ¿Hubieran podido hacer más? ¿Se sintieron responsables de la caja? Explique que hoy hablarán del cuidado que tiene Dios por nosotros y que Él está presto para cuidarnos y evitar que nada malo nos pase. (Ver ilustración.)

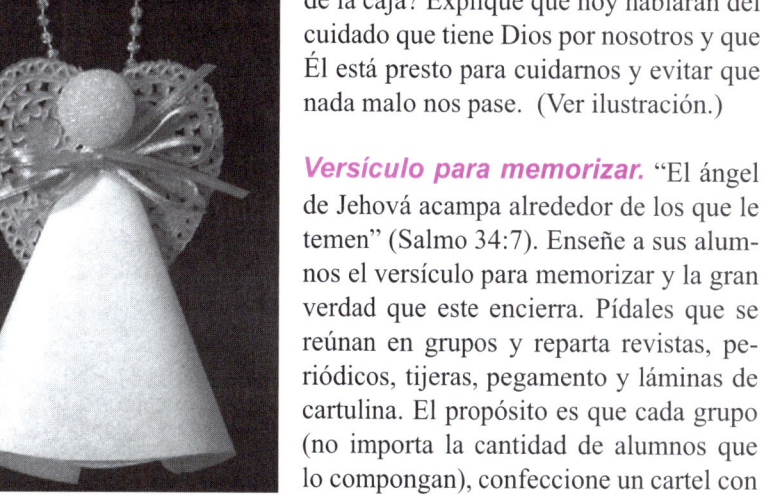

Versículo para memorizar. "El ángel de Jehová acampa alrededor de los que le temen" (Salmo 34:7). Enseñe a sus alumnos el versículo para memorizar y la gran verdad que este encierra. Pídales que se reúnan en grupos y reparta revistas, periódicos, tijeras, pegamento y láminas de cartulina. El propósito es que cada grupo (no importa la cantidad de alumnos que lo compongan), confeccione un cartel con recortes que representen ilustraciones del diario vivir, encabezadas por el versículo, demostrando que Dios envía sus ángeles para defender a sus hijos. Al finalizar, pídales que coloquen sus trabajos sobre una pared fuera del salón a manera de exposición. Que repitan el texto hasta que lo aprendan. (Para otras dinámicas de memorización, consulte el libro *Fácil y divertido, Cómo Memorizar Versículos,* de la serie *Secretos para Enseñar* de Senda de Vida.)

Trabajo opcional. Los niños harán un ángel. Necesitará un marcador, papel dorado, tijera, pegamento, gancho de madera para tender ropa, hilo de estambre, papel construcción blanco y un magneto de goma por niño. Pegue el papel dorado o plateado en el papel construcción para que tenga firmeza (figura 1). Dibuje las alas en la parte del papel construcción y recórtelas (figura 2). Entregue las alas y el ganchito a los niños. Pida que le añadan pegamento a las alas (figura 3). Que presionen la parte inferior del ganchito, para que se abra y puedan colocar las alas del ángel (figura 4). Luego que le pongan pegamento en el magneto y lo peguen en un lado del ganchito (figura 5). Por último, que le dibujen los ojitos, boca y nariz y con el hilo de estambre formen el pelo del ángel (figura 6).

Mensajeros

Actividad introductoria. Necesitará pelotas de papel (pida a los niños que le ayuden a hacerlas), una caja y cinta de enmascarar. Dirija a los niños en el juego: "*Los guardianes*". Pegue en el piso cinta de enmascarar formando un cuadrado. En el centro del cuadro coloque una caja y dos o tres niños alrededor de esta que serán los guardianes. Explique y haga énfasis a los "guardianes", que su trabajo será no permitir que ninguna pelota entre a la caja, porque es muy frágil. Fuera del cuadro coloque cinco niños o menos y entréguelas las bolas de papel. Cuando usted dé la señal, los niños que están afuera tratarán de lanzar las bolas para meterlas dentro de la caja. Los guardianes deben cuidar que las pelotas no entren a la caja; para ello deben atrapar, bloquear o evadir las pelotas. Si tiene muchos alumnos divídalos en grupos de manera que todos participen. Al terminar reflexione con los niños acerca de la actividad realizada. ¿Hicieron lo posible por cuidar la caja? ¿Qué hicieron? ¿Hubieran podido hacer más? ¿Se sintieron responsables de la caja? Explique que hoy hablarán del cuidado que tiene Dios por nosotros y que Él está presto para cuidarnos de que nada malo nos pase.

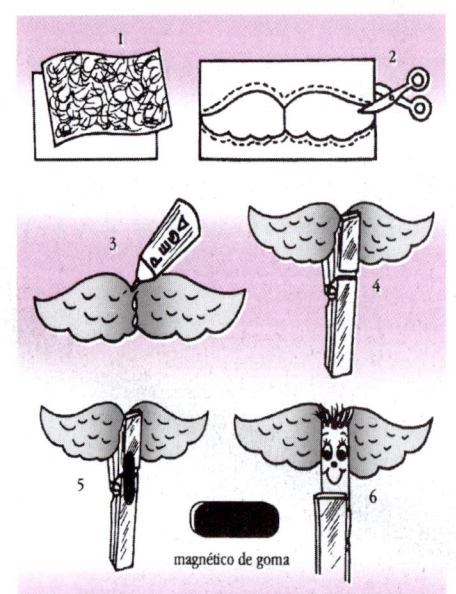

Versículo para memorizar. "A sus ángeles mandará acerca de ti" (Salmo 91:11). Lea el versículo directamente de la Biblia, explíquelo y pida que lo repitan varias veces. Pida a los niños que formen una fila y usted se pare al frente del primer alumno con una pelota en la mano. Lance la pelota al primero de la fila mientras dice la primera parte del texto: "*A sus ángeles mandará*". Este primer niño se la devuelve repitiendo el texto y se coloca de último, para que usted se la mande al segundo, el segundo hace lo mismo que el primero y así sucesivamente hasta que se haya recorrido toda la fila. Entonces comenzará con el primero y le dirá la segunda parte del texto: "*acerca de ti*". Continúe con la misma dinámica y luego comience de nuevo pero diciendo todo el texto completo. (Para otras dinámicas de memorización, consulte el libro *Fácil y divertido, Cómo Memorizar Versículos,* de la serie *Secretos para Enseñar* de Senda de Vida.)

Trabajo opcional. Entregue a cada niño el dibujo del ángel (ver ilustración) y las alas recortado. Pida que lo decoren usando cualquiera de estos materiales: lápices de colores y escarcha o papeles de colores. Pegue las alas al ángel con pegamento o con una tachuela (de las que se doblan las patas) y por último se le pone el cordón para colgarlo. Este ángel lo pueden llevar a casa para que lo pongan en el picaporte de una puerta o como adorno en el dormitorio, y para que recuerden que hay ángeles enviados por Dios para cuidarnos.

Clausura

Despida a los alumnos en oración, agradeciéndole a Dios su amor y misericordia infinita. Luego, ofrézcales una merienda.

Ayudas visuales

Recorte la escena y adhiérala en cartulina de color rojo. En el momento indicado péguela en la pizarra, frente a los niños. Asegúrese de tener a mano todos los elementos que le servirán para afianzar el estudio de hoy.

Unidad II: Dios nos cuida

24 Él es mi castillo

Base bíblica
Salmo 91

Versículo para memorizar
Para Conquistadores: "Diré yo a Jehová: Esperanza mía, y castillo mío; mi Dios, en quien confiaré" (Salmo 91:2).
Para Vencedores y Mensajeros: "Diré a Jehová: castillo mío" (Salmo 91:2).

Verdad central
Dios cuida y protege a los que lo aman.

Objetivos
Con el estudio de esta lección se busca que los alumnos puedan:
1. Conocer lo que la Biblia enseña acerca del cuidado de Dios para su pueblo.
2. Valorar la protección divina.
3. Agradecer a Dios por cuidarlos en todo momento.

Materiales
Conquistadores: Biblia, libro del alumno, libro de figuras, papel, arena, platos de cartón, maicena (fécula de maíz) y papel periódico.
Vencedores: Biblia, libro de figuras, libro del alumno, platos de cartón, papel construcción, lápices, tijeras, pegamento, cajas de cartón, elementos para decorar el castillo, una cuerda y una pelota suave.
Mensajeros: Biblia, libro de figuras, libro del alumno, papel de construcción, cajas de cartón, témperas, lápices, bloques de madera o plásticos y merienda.

Lectura bíblica
Salmo 91:1 El que habita al abrigo del Altísimo, morará bajo la sombra del Omnipotente.
2 Diré yo a Jehová: Esperanza mía, y castillo mío; mi Dios, en quien confiaré.
3 Él te librará del lazo del cazador, de la peste destructora.
4 Con sus plumas te cubrirá, y debajo de sus alas estarás seguro; escudo y adarga es su verdad.
5 No temerás el terror nocturno, ni saeta que vuele de día,
6 ni pestilencia que ande en oscuridad, ni mortandad que en medio del día destruya.
7 Caerán a tu lado mil, y diez mil a tu diestra; mas a ti no llegará.
8 Ciertamente con tus ojos mirarás y verás la recompensa de los impíos.
9 Porque has puesto a Jehová, que es mi esperanza, al Altísimo por tu habitación,
10 No te sobrevendrá mal, ni plaga tocará tu morada.
11 Pues a sus ángeles mandará acerca de ti, que te guarden en todos tus caminos.
12 En las manos te llevarán, para que tu pie no tropiece en piedra.
13 Sobre el león y el áspid pisarás; hollarás al cachorro del león y al dragón.
14 Por cuanto en mí ha puesto su amor, yo también lo libraré; le pondré en alto, por cuanto ha conocido mi nombre.
15 Me invocará, y yo le responderé; con él estaré yo en la angustia; lo libraré y le glorificaré.
16 Lo saciaré de larga vida, y le mostraré mi salvación.

Datos sobre el pasaje bíblico

Los salmos expresan verdades en un estilo poético, con la intención de penetrar lo más profundo del corazón. La poesía hebrea no consiste en el ritmo, sino en la repetición de pensamientos, presentados en cláusulas paralelas. Por ejemplo: "El que habita al abrigo del Altísimo, morará bajo la sombra del Omnipotente". El libro de los Salmos ha sido usado como himnario. Su colección de himnos, oraciones y poemas, expresan los sentimientos del pueblo hebreo, en diferentes circunstancias. El mensaje del libro de los Salmos es claro: Dios está presente en todas las áreas de la vida. Y este salmo, es una clara evidencia de ello. Lo podemos dividir en dos partes: a) La seguridad de aquellos que tienen a Dios como su refugio (versículos del 1-8). b) Las bendiciones hacia su pueblo (91:9-16). Aquel que por fe escoge a Dios como su protector, podrá encontrar en Él todo lo que desea o necesita (versículos del 1-8). Y aquellos que han encontrado al Señor como su refugio, no pueden desear más sino que otros lo encuentren también. La voluntad de Dios siempre será hecha y no tenemos por qué temer. El pueblo de Dios verá cumplir sus promesas y sus advertencias. Nada podrá herir al creyente a pesar de las circunstancias (versículos del 9-16). Los que conocen a Dios le amarán y orarán constantemente, y Él los librará de problemas y preservará su vida.

¡Es tiempo de empezar!

Prepare con anticipación el salón de clases. Escriba en la pizarra el título de la lección de hoy. Cuando los alumnos lleguen, bríndeles una cordial bienvenida. Si hay visitas, pídales que se pongan en pie, digan su nombre y el de la persona que los invitó. Exprese lo feliz que está de tenerlos en la clase. Seguidamente, que un alumno recoja las ofrendas y dé gracias a Dios por ellas.

Aplicación

Es agradable saber que Dios está a nuestro lado cuidándonos. No debemos sentirnos temor porque Él nos protege. En cualquier circunstancia adversa podemos confiar que Él nos va a ayudar.

Para *Conquistadores*: entregue una hoja de papel y un lápiz a cada alumno, y pídales que piensen en los momentos en que han sentido que el Señor los ha cuidado y que lo escriban. Dé tiempo para que algunos niños compartan sus testimonios. Termine dirigiéndolos en una oración de gratitud al Señor por ser nuestro protector.

Dinámica para el repaso

En platos de cartón dibuje o pegue cuatro caras grandes

Historia bíblica

(Adapte la historia de acuerdo a la edad de sus alumnos. Recomendamos utilizar un lenguaje sencillo para los *Mensajeros*.)

Una de las necesidades del ser humano es la de sentirse protegido y sentirse a salvo de cualquier peligro. Para tener seguridad y protección el hombre ha inventado muchas cosas: alarmas contra robos de carros, de casas y contra incendios, cinturones de seguridad, armas de fuego, vacunas, etc. Pero la Biblia nos dice que nosotros tenemos a alguien que nos cuida y protege contra todos los peligros que pudieran existir. Uno de los pasajes que hablan de esto es el Salmo 91. Este salmo es el que más le gusta a las personas para implorar la protección de Dios. Una de las figuras que se usa aquí para que pensemos en el Señor como nuestra seguridad es la del castillo. Un castillo es sinónimo de fortaleza, ya que era un edificio construido en piedra y adobe, cuyas murallas tenían tres metros de ancho y hasta diez de alto. Su propósito era proteger a las personas de los ataques de sus enemigos y de las fieras. (*Muestre la escena del castillo.*)

El castillo representa el poder y la protección de Dios a favor de los suyos. El salmista también dice que Dios nos cuida de la misma manera que la gallina cuida a sus pollitos. Ella está pendiente de que nada les falte. Cuando tienen frío los cubre con sus alas y les da abrigo. Igualmente, cuando ellos sienten que hay un peligro cerca corren a protegerse bajo sus alas. Cuando nos sintamos amenazados podemos acudir al Señor y descansar seguros. El salmista continúa diciendo: "No temerás el terror nocturno, ni saeta que vuele de día, ni pestilencia que ande en oscuridad, ni mortandad que en medio del día destruya". —¿Cuántos han sentido miedo en la noche?—.

Todos en algún momento sin saber por qué, lo hemos sufrido, y en ese instante sentimos que necesitamos estar en compañía de alguien. Dios nos promete que si creemos en Él, no debemos sentir temor, porque Él estará con nosotros, y su presencia nos dará tranquilidad. Las personas en este tiempo viven con miedo a contraer enfermedades; Dios promete protegernos aun de eso. De igual manera nos dice que mandará a sus ángeles para que estén cerca de nosotros. Ellos nos tomarán de las manos para cuidarnos de todos los peligros que a diario encontramos. Si los ángeles nos protegen de tropezar hasta con una piedra y caer, cuánto más nos cuidarán si estamos ante un peligro mayor. Todas las promesas de protección se cumplen sólo con la condición de dar a Dios todo nuestro amor; es decir, que lo amemos de tal forma que Él esté por encima de todas las cosas. Él mismo nos dice que nos pondrá en alto, que lo invoquemos y nos responderá que no nos dejará solos en momentos de angustia, sino que nos librará de los peligros. El salmo termina con una de las más grandes promesas: nos mostrará la salvación. Es decir, nos librará de la condenación eterna para que disfrutemos los beneficios de ser salvos. ¿Cuáles son esos beneficios? Todos los que mencionamos anteriormente, y además, la oportunidad de vivir eternamente con Él.

que reflejen diferentes emociones (triste, alegre, enojado y sorpresa); también dibuje en pedazo de cartulina un signo de interrogación. Los alumnos se colocarán en línea mirando al frente y usted se ubicará frente a ellos con las cartulinas en las manos. Muestre una de las cuatro caras y que ellos hagan el movimiento indicado (la alegre, todos dan un salto; triste, se agachan; enojado, se colocan de espaldas, y la de sorpresa, se llevan las manos a la boca). Cuando enseñe el signo de interrogación, se quedan quietos, escuchan la pregunta y usted escoge quién la responderá.

Ejercicio del libro
Lea las instrucciones del libro de trabajo. Cerciórese de que todos entiendan lo que van a realizar. Anímelos a trabajar ordenadamente y en silencio.

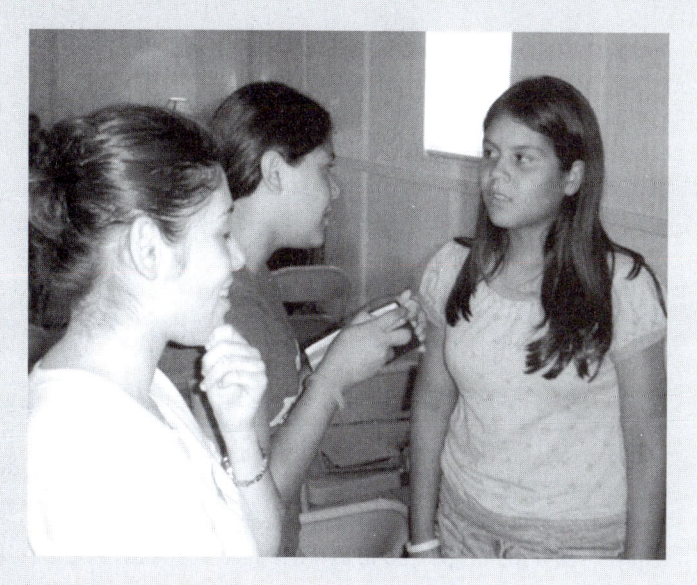

Actividades especificas para cada edad

Conquistadores
Actividad introductoria. Pida a los niños que formen grupos de tres. Explique que van a jugar al muñeco tieso, y que cada uno es responsable de cuidar a su compañero. Dos niños se ubican frente a frente. En el medio se coloca el otro mirando al frente con las manos pegadas a los lados de su cuerpo. Debe estar rígido, ya que él será el muñeco. Los compañeros de los lados lo empujarán suavemente por los hombros como si lo estuvieran meciendo. A medida que los niños adquieren confianza pueden mecer más rápido al muñeco. Los tres alumnos deben rotar de posición para que todos hagan de muñeco. Pasado un rato concluya el juego. Siéntelos en círculo y dialogue acerca de cómo se sintieron, si confiaban o no en su compañero, si tenían miedo de que los dejaran caer y se golpearan, cómo se sentían con la responsabilidad de cuidar a otra persona, etc. Concluya diciendo que hay una persona en quien podemos confiar plenamente. Siempre que acudamos a ella nos va a sostener y nos va a ayudar; esa persona es Dios. De esto tratará la clase.

Versículo para memorizar. "Diré yo a Jehová: Esperanza mía, y castillo mío; mi Dios, en quien confiaré" (Salmo 91:2). Realice una actividad para aplicar el versículo en las situaciones diarias. Cada uno compartirá una situación real en su vida. Pídales que sean breves para que todos puedan participar. Después, todos dirán al unísono el versículo.
(Para otras dinámicas de memorización, consulte el libro *Fácil y divertido, Cómo Memorizar Versículos,* de la serie *Secretos para Enseñar* de Senda de Vida.)

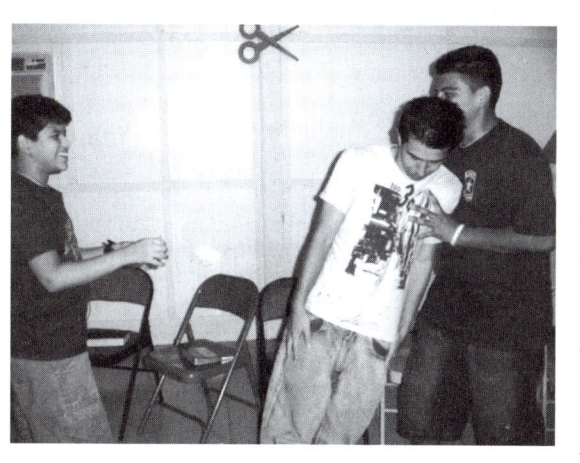

Trabajo opcional. Antes de la clase prepare la siguiente mezcla para moldear. Por cada niño necesitará dos tazas de arena decorativa, una taza de maicena (fécula de maíz) y 1 taza de agua. En una olla vieja, revuelva la arena, la maicena y el agua. Ponga la mezcla a cocinar a fuego lento sin dejar de revolver. Cuando la mezcla esté espesa, bájala del fogón y déjela enfriar. Ponga la mezcla sobre papel periódico. Con esta mezcla los niños pueden moldear un castillo.

Vencedores
Actividad introductoria. Explique a los niños un juego parecido al voleibol. Divídalos en dos grupos. Coloque una cuerda en el centro que divida a los dos equipos. Cada equipo tratará de meter la pelota en el área del otro (es decir que toque tierra enemiga). Reglas: la pelota sólo puede entrar por arriba de la línea que los divide y sólo se pueden usar las manos.
Tome algunos minutos y luego hable de la función que hacían al proteger su área para que no entrara la pelota. Relacione esta dinámica con el tema de la lección.

Versículo para memorizar. "Diré yo a Jehová: Esperanza mía, y castillo mío" (Salmo 91:2). Escriba el versículo en siluetas con forma de castillo. Haga que lo repitan varias veces para que lo memoricen y luego pregúntelo individualmente para verificar el aprendizaje. Si lo desea, haga que lo escriban en los ángeles que elaboraron en la actividad introductoria. (Para otras dinámicas de memorización, consulte el libro *Fácil y divertido, Cómo Memorizar Versículos,* de la serie *Secretos para Enseñar* de Senda de Vida.)

Trabajo opcional. Los niños decorarán un castillo. Tome una o dos cajas de cartón grandes y conviértalas en forma de castillo. Para ello puede hacer los cortes de las murallas con un cuchillo, agregar una torre (que puede ser otra caja). Pida a los niños que le ayuden a hacer los elementos decorativos del castillo como las paredes (que puede hacer con bloquecitos de cartón), puertas, ventanas, bandera, etc. Permita que desarrollen su imaginación pero también tenga algunos elementos listos para pegar. Cuando el castillo este terminado póngalo en un lugar visible del aula y diga que este representa lo que es Dios para nosotros.

Mensajeros

Actividad introductoria. Tome una o dos cajas de cartón grande y decórela en forma de castillo. Para ello puede hacer los cortes de las murallas con un cuchillo, agregar una torre y luego pintarla con témpera u otra pintura. Permita que los niños jueguen. Luego siéntelos y comente. En la antigüedad se usaban muchos los castillos o fortalezas, que eran lugares de refugio y protección. Hoy veremos por qué Dios nos dice que Él es nuestra fortaleza.

Versículo para memorizar. "Diré a Jehová: castillo mío" (Salmo 91:2). Muestre el castillo que hizo para la *Actividad introductoria.* Haga que lo miren mientras lo repiten varias veces hasta que considere que lo aprendieron. Luego pregúntelo individualmente para verificar el aprendizaje. (Para otras dinámicas de memorización, consulte el libro *Fácil y divertido, Cómo Memorizar Versículos,* de la serie *Secretos para Enseñar* de Senda de Vida.)

Trabajo opcional. Entregue a los niños bloques de plástico o madera para que construyan castillos o murallas. Mientras juegan afiance las verdades del estudio en especial que Dios es nuestro protector.

Clausura

Despida la clase cantando un coro que tenga que ver con el gozo. Anímelos a compartir con otros lo aprendido en la clase. Invítelos a llegar temprano a la próxima clase. Finalice con una oración, agradeciendo al Señor su protección.

Ayudas visuales

Recorte la escena y péguela sobre un pedazo de cartulina de color llamativo.

Unidad II: Dios nos cuida

25 No te preocupes, Dios cuida de ti

Base bíblica
Mateo 6:25-33

Versículo para memorizar
Para Conquistadores y Vencedores: "Echando toda vuestra ansiedad sobre él, porque él tiene cuidado de vosotros" (1 Pedro 5:7).
Para Mensajeros: "Él tiene cuidado de vosotros" (1 Pedro 5:7).

Verdad central
Dios, además de cuidar su creación, también suple las necesidades de sus hijos.

Objetivos
Al finalizar este estudio los alumnos estarán en condiciones de:
1. Saber que Dios siempre cuida de sus hijos.
2. Considerar que lo que tienen ha sido provisto por Él.
3. Agradecer al Señor por su provisión diaria.

Materiales
Conquistadores: Biblia, libro del alumno, libro de figuras, cartulina, sobres, una canasta, una pelota, corchos, plumas, cartón, cuencas, retazos de tela y un lirio.
Vencedores: Biblia, libro del alumno, libro de figuras, pegamento, cartulina, sobres, una canasta, una pelota, papel de diferentes colores, platos de cartón pequeño, plumas y papel construcción.
Mensajeros: Biblia, libro del alumno, libro de figuras, pegamento, cartulina, sobres, una canasta, una pelota, papel de diferentes colores, platos de cartón pequeño, plumas, papel construcción y pegamento.

Lectura bíblica

Mateo 6:25 Por tanto os digo: No os afanéis por vuestra vida, qué habéis de comer o qué habéis de beber; ni por vuestro cuerpo, qué habéis de vestir. ¿No es la vida más que el alimento, y el cuerpo más que el vestido?
26 Mirad las aves del cielo, que no siembran, ni siegan, ni recogen en graneros; y vuestro Padre celestial las alimenta. ¿No valéis vosotros mucho más que ellas?
27 ¿Y quién de vosotros podrá, por mucho que se afane, añadir a su estatura un codo?
28 Y por el vestido, ¿por qué os afanáis? Considerad los lirios del campo, cómo crecen: no trabajan ni hilan;
29 pero os digo, que ni aun Salomón con toda su gloria se vistió así como uno de ellos.
30 Y si la hierba del campo que hoy es, y mañana se echa en el horno, Dios la viste así, ¿no hará mucho más a vosotros, hombres de poca fe?
31 No os afanéis, pues, diciendo: ¿Qué comeremos, o qué beberemos, o qué vestiremos?
32 Porque los gentiles buscan todas estas cosas; pero vuestro Padre celestial sabe que tenéis necesidad de todas estas cosas.
33 Mas buscad primeramente el reino de Dios y su justicia, y todas estas cosas os serán añadidas.

Datos sobre el pasaje bíblico

Jesús expuso el mensaje de las bienaventuranzas previo a la charla del afán y la ansiedad. Posterior a estos temas continuó una serie de consejos, que fueron escuchados atentamente por la multitud y sus discípulos. En este pasaje los invita a no estar ansiosos ni preocupados con desesperación por sus necesidades básicas como comer y vestir. El Señor, rotundamente, prohíbe la ansiedad, pues perturba su gozo. La ansiedad tiene como fondo una falta de fe. Les dijo: "Si el Padre les ha dado la vida y el cuerpo, también les dará cómo mantenerlos y protegerlos". Era un dicho rabínico en los tiempos de Jesús: "Todo aquel que tenga un pan en su cesto y diga: ¿qué comeré mañana?, es hombre de poca fe". Pero Jesús va más allá de este proverbio, que solamente prohíbe preocuparse cuando hay un sólo pan en el cesto, porque Él quiere que desterremos toda ansiedad, incluso cuando no hay ni un solo pan. Este pasaje está estrechamente ligado a Lucas 11:34-36, que habla acerca de los bienes materiales. Muestra la necesidad de tener motivos correctos y fe en Dios, quien es el proveedor. La palabra *vida* en el versículo 25, es traducida como "alma". La vida y el cuerpo son más importantes que el alimento y el vestido. El hombre mismo es más importante que sus adornos. Jesús quería que sus discípulos comprendieran que si hay provisión para la creación menor sin que ella se afane, también lo habrá para el hombre. La frase "añadir a su estatura un codo", probablemente se refiera a "prolongar su vida". Los gentiles representan a aquellos que no conocen a un Dios personal, amoroso y providencial. *Dios la viste así*, estas palabras contienen la promesa de Dios para todos sus hijos (Mateo 6:33).

¡Es tiempo de empezar!

Con anticipación coloque las sillas del aula de manera diferente a la clase anterior. A medida que los niños lleguen, salúdelos con entusiasmo; aproveche cada momento para hacerles sentir que son bienvenidos a la casa del Señor. Inicie con una oración dando gracias a Dios por cada uno de ellos. Cante coros apropiados para la lección de hoy. Promueva la participación activa de sus alumnos. Después, asigne a uno de los niños (niño o niña) para que reciba las ofrendas, y a otro para que ore. Luego pase lista y felicítelos por su asistencia. (Recuerde que en la próxima clase termina el semestre y puede premiar la asistencia.)

Historia bíblica

(Adapte la historia de acuerdo a la edad de sus alumnos. Recomendamos utilizar un lenguaje sencillo para los *Mensajeros*.)

Consiga un CD con sonidos de aves, ríos, el mar, como si fuera un lugar al aire libre, y póngalo de fondo para que lo escuchen durante la narración. Accione el sonido y comience la historia. Durante la narración haga cambios de voz (alta, baja, etc.) de acuerdo al texto.

Jesús amaba a las personas y por eso estaba con ellos diariamente sanándolos y enseñándoles las grandes verdades del reino de los cielos. Un día caminó hasta llegar a una montaña; la gente y los discípulos lo siguieron. Era interesante escuchar cada palabra que salía de la boca del Maestro. Al llegar a la montaña, todos se acomodaron; seguramente unos trajeron piedras para sentarse, y quizás otros se sentaron en la llanura. El viento soplaba, los árboles se mecían de un lado a otro y las aves revoloteaban libremente en el cielo. El paisaje era perfecto, las hojas de los árboles estaban reverdecidas, los campos cubiertos de diversas flores: había margaritas, dalias y lirios. La naturaleza parecía disfrutar del hermoso día. Por otro lado, la gente estaba contenta por lo que veían; nunca antes habían presenciado hechos tan impresionantes: los ciegos recibían la vista, los cojos andaban, los mudos hablaban y muchos milagros más. ¡Todo era asombroso! Jesús aprovechó ese momento para darles una gran lección. Él sabía que la gente se preocupaba por las cosas físicas y que a muchos les era difícil amar a Dios porque tenían más interés por las cosas materiales que por las espirituales. Así que les dijo: —"No se preocupen por la comida, el dinero o la ropa, pues ustedes valen más que esas cosas. Su vida es más importante que la comida y el vestido". Jesús quería que vivieran confiados.

En ese momento alzó sus ojos y mirando a unas aves que volaban, le dijo a sus oyentes:

(*Muestre la escena de Jesús en la montaña enseñando a las personas.*)

—"Observen las aves del cielo, que no siembran ni cosechan; tampoco guardan comida, y vuestro Padre que está en los cielos las alimenta. ¡Ustedes valen más que ellos! Además ¿por qué se preocupan por la ropa? Miren los lirios del campo, que no se preocupan por el vestido; ni el rey Salomón con toda su gloria se vistió jamás con tanta belleza".

Los lirios son hermosos, elegantes y blancos. Jesús los mencionó para compararlos con la belleza y elegancia con que se vestía este rey. Pero aunque la ropa de Salomón era fina y hermosa, no se compara con la belleza de los lirios porque Dios es el que los hizo. Cuando la gente escuchó esas palabras quedó contenta al saber que Dios siempre tendría cuidado de ellos. Pero Jesús también les recordó que era necesario que buscaran primero el reino de los cielos y que todo lo que necesitaban lo recibirían.

Aplicación

Por medio de esta enseñanza Jesús quería asegurarse de que sus discípulos y todos los que lo seguían, estuvieran convencidos de que Dios cuidaría de ellos siempre. Él quiere que nosotros también confiemos en que nos dará todo lo que necesitemos. Y así como tiene cuidado de las aves y las plantas, cuida también de cada uno de ustedes.

A continuación pida a los niños que se pongan de pie, se tomen de las manos y oren a Dios dándoles gracias porque todo lo que tienen ha venido de su mano.

Dinámica para el repaso

Necesitará tarjetas de cartulina, sobres, una canasta y una pelota. Escriba cada pregunta en las tarjetas, guarde cada una en un sobre y luego, colóquelos dentro de la canasta. Cada niño tirará la pelota tratando de que caiga dentro del recipiente. Si lo logra, toma un sobre y responde la pregunta; si cae afuera, cede el turno a otro niño.

1. ¿Por qué le era difícil a la gente amar a Dios? *Porque tenían más interés por sus cosas materiales.*
2. ¿Por qué cosas se preocupaba la gente? *Por su vestido y la comida.*
3. ¿Qué cosas debía observar la gente para darse cuenta del cuidado de Dios? *Las aves del cielo y los lirios del campo.*
4. ¿Qué rey mencionó Jesús que no se vestía como los lirios? *Salomón.*
5. Según Dios, ¿quién vale más que las aves y los lirios? *Nosotros valemos más que ellos.*

Ejercicio del libro

Cada ejercicio está dirigido a afianzar la enseñanza en los niños. Haga que este momento sea ameno. Proveáles los materiales necesarios. Entregue las hojas del libro del alumno y explique cada actividad.

Actividades específicas para cada edad

Conquistadores

Actividad introductoria. Dirija a los niños en el siguiente juego: "Pasa la promesa". Necesitará una tarjeta escrita con el versículo para memorizar. Los niños deben colocarse de pie, formar un círculo y poner las manos detrás de su espalda. Uno de los niños pasará al centro del círculo. Dé a uno de los que están en el círculo la tarjeta con la promesa escrita (versículo).

Los niños pasarán la tarjeta de mano en mano, teniendo cuidado que el que está en el centro no sepa quién la tiene o por dónde va pasando la tarjeta. En un momento inesperado pregúntele al niño que está en el centro: "¿Quién tiene la promesa?". Si acierta y dice el nombre correcto, el que tenga en sus manos la tarjeta pasará al centro y él al círculo.

Continúe con la dinámica hasta que considere que han participado varios. Pida a los niños que vuelvan a sus puestos. Comente que la Biblia contiene muchas promesas de Dios para sus hijos, y una de ellas es que Él nos dará lo que necesitamos.

Versículo para memorizar. "Echando toda vuestra ansiedad sobre él, porque él tiene cuidado de vosotros" (1 Pedro 5:7). Pida que busquen en la Biblia la cita que corresponde, y que la lean varias veces. Luego, que uno de ellos explique el significado; seguidamente, refuerce usted la explicación. Pídales que repitan varias veces el versículo hasta memorizarlo.
(Para otras dinámicas de memorización, consulte el libro *Fácil y divertido, Cómo Memorizar Versículos,* de la serie *Secretos para Enseñar* de Senda de Vida.)

Trabajo opcional. Estos pájaros de diferente variedad (observe la ilustración) se pueden armar fácil y rápidamente con corchos, plumas, cartón, cuencas y retazos de tela. Una vez terminados, se pueden colgar por medio de hilos de nailon en una ventana, techo o pared. Motive a los niños que los pongan en un lugar visible para que recuerden que si Dios cuida de los pájaros mucho más cuidado tiene de ellos.

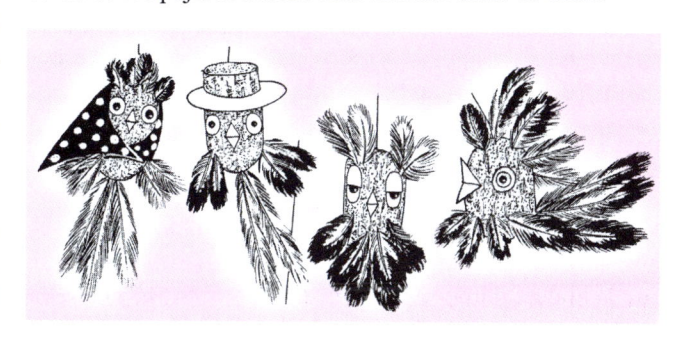

Vencedores

Actividad introductoria. Los niños formarán un bosque en la pared. Esta decoración le puede servir como adorno en el salón para otras clases. Designe la pared donde van a trabajar y con anticipación fórrela con papel blanco. Tenga recortado en papel de colores: hierba o pasto, diversas flores de papel (entre ellas lirios), árboles, piedras, nubes, sol, pajaritos y todo lo necesario para formar un hermoso bosque. Coloque las siluetas en una mesa junto con el pegamento; dirija a los alumnos para que todos peguen las figuras y armen el bosque (los lirios y las aves las pegarán cuando esté narrando la lección). Al terminar, agradezca la participación de todos. Explique que los bosques fueron hechos por Dios; las plantas y la decoración que copiamos es para que nos sintamos en el lugar que Jesús estaba cuando enseñó esta lección.

Versículo para memorizar. "Echando toda vuestra ansiedad sobre él, porque él tiene cuidado de vosotros" (1

Pedro 5:7). Escriba el versículo en un pedazo de cartulina en forma de silueta de un ave; luego, recórtelo a manera de rompecabezas. Haga varios juegos de diferentes colores. Entregue a cada niño un pedazo, pida que los que tengan el mismo color se agrupen, armen el versículo y traten de memorizarlo. Reparta dulces como incentivo a los que lo aprendieron. (Para otras dinámicas de memorización, consulte el libro *Fácil y divertido, Cómo Memorizar Versículos*, de la serie *Secretos para Enseñar* de Senda de Vida.)

Trabajo opcional. Los niños harán un pajarito. Necesitará para cada niño dos platos de cartón pequeño, plumas, papel construcción y pegamento. Dibuje en el papel construcción el pico y las patitas y luego recórtelo. Recorte el círculo del centro de uno de los platos (o use círculos de papel). Dibuje en el círculo pequeño los ojitos y péguele el pico. Pegue el círculo pequeño encima del grande y luego péguele las patitas y las plumas como se muestra en la ilustración.

Mensajeros

Actividad introductoria. Lleve a la clase un animalito en una jaula (un ave, un conejo, etc.) y permita que los niños jueguen con él. Hábleles acerca del cuidado que se debe tener con los animales. Déles oportunidad de expresarse. Dígales: "Este (conejito o pajarito) es la mascota de (mencione el nombre del dueño), y recibe un cuidado especial; pero… ¿han visto los pajaritos en el campo? ¿Quién los cuida? ¿Quieren saber quién tiene cuidado de ellos? Escuchen con atención la historia de hoy y lo sabrán".

Versículo para memorizar. "Él tiene cuidado de vosotros" (1 Pedro 5:7). Con anticipación, dibuje en una cartulina la silueta de un pájaro o una flor y escriba sobre ella el versículo. Luego recórtelo a manera de rompecabezas. Haga varios juegos de diferentes colores. Lea el versículo directamente de la Biblia y explíquelo. Entregue a cada niño un pedazo y pida que los que tengan el mismo color se agrupen y armen el versículo. Luego pida que lo repitan varias veces hasta memorizarlo. Reparta dulces como incentivo a los que lo aprendieron. (Para otras dinámicas de memorización, consulte el libro *Fácil y divertido, Cómo Memorizar Versículos*, de la serie *Secretos para Enseñar* de Senda de Vida.)

Trabajo opcional. Los niños harán un pajarito. Necesitará para cada niño dos platos de cartón pequeño, plumas, papel construcción, pegamento. Dibuje en el papel construcción el pico y las patitas y luego recórtelo. Recorte el círculo del centro de uno de los platos (o use círculos de papel). Dibuje en el círculo pequeño, los ojitos y péguele el pico. Pegue el círculo pequeño encima del grande, y luego péguele las patitas y las plumas como se muestra en la ilustración.

Clausura

Concluya la clase con una oración, y seguidamente comparta un refrigerio. Dígales que lleven el versículo que ilustraron a su casa y cuenten a todos que Dios nos da lo que necesitamos.

Ayudas visuales

Recorte la escena y colóquela en un rectángulo de cartulina. Muéstrela en el momento que lo indica la historia.

---

*La próxima semana iniciaremos una nueva temática.
Motive a los niños a poner en práctica las enseñanzas de este semestre.*

Unidad II: Dios nos cuida

26 Jesús siente compasión por una viuda

Base bíblica
Lucas 7:11-17

Versículo para memorizar
Para Conquistadores y Vencedores: "Jesús, vio una multitud, y tuvo compasión de ellos" (Mateo 14:14).
Para Mensajeros: "Jesús… tuvo compasión de ellos" (Mateo 14:14).

Verdad central
Jesús se interesa por las personas.

Objetivos
Al concluir la clase los alumnos podrán:
1. Narrar los hechos ocurridos en la resurrección del hijo de la viuda.
2. Agradecer al Señor porque se interesa en sus necesidades.
3. Pedir la ayuda de Jesús en momentos de necesidad.

Materiales
Conquistadores: Biblia, libro de figuras, libro del alumno, lápices, hojas de papel, lápices de colores, marcadores, tarjetitas, recortes de revistas, hojas con preguntas, retazos de tela blanca, cartón y cinta.
Vencedores: Biblia, libro de figuras, libro del alumno, lápices negros, lápices de colores, canicas, merienda, bolsa, títere, mesa de arena, juguetes, cartulina y papel higiénico.
Mensajeros: Biblia, libro de figuras, libro del alumno, lápices, lápices de colores, caja, cartón, láminas, copia de la escena, tela blanca, cartón, cinta o cordel y pegamento.

Lectura bíblica
Lucas 7:11 Aconteció después, que él iba a la ciudad que se llama Naín, e iban con él muchos de sus discípulos, y una gran multitud.
12 Cuando llegó cerca de la puerta de la ciudad, he aquí que llevaban a enterrar a un difunto, hijo único de su madre, la cual era viuda; y había con ella mucha gente de la ciudad.
13 Y cuando el Señor la vio, se compadeció de ella, y le dijo: No llores.
14 Y acercándose, tocó el féretro; y los que lo llevaban se detuvieron. Y dijo: Joven, a ti te digo, levántate.
15 Entonces se incorporó el que había muerto, y comenzó a hablar. Y lo dio a su madre.
16 Y todos tuvieron miedo, y glorificaban a Dios, diciendo: Un gran profeta se ha levantado entre nosotros; y: Dios ha visitado a su pueblo.
17 Y se extendió la fama de él por toda Judea, y por toda la región de alrededor.

Datos sobre el pasaje bíblico
Lucas es el único que narra el episodio de la resurrección del hijo de la viuda de Naín. Esta ciudad está ubicada en la llanura de Esdraelón, a unos tres kilómetros del monte Tabor. Este lugar actualmente se conoce con el nombre de Nein y se halla a ocho kilómetros al sureste de Nazaret. Este milagro es uno de los tres narrados en el Nuevo Testamento, en que Jesús resucitó muertos (los otros dos son Lázaro y la hija de Jairo), aunque hay clara evidencia de que pudo haber otros que no se registraron. Las multitudes no sólo seguían a Jesús en las calles de las ciudades sino que iban con Él de una ciudad a otra. La muchedumbre es-

taba constituida por los doce discípulos, otros discípulos y otra gente. Llevaban a enterrar a un difunto, *hijo único de su madre la cual era viuda*. Lo que significa que era el único sostén económico y también su motivo de gozo y su orgullo. Con este milagro Jesús demostró interés tanto en las necesidades económicas del hombre como en las físicas y espirituales. *Se compadeció de ella*, el motivo de este milagro fue la compasión. El féretro no era un ataúd como los que se usaban en Egipto, sino que era una estructura plana semejante a una camilla, sobre la que se depositaba el cadáver envuelto en sudarios. Cuando Jesús le dijo al joven que se levantara, lo hizo como un mandato que tuvo una respuesta inmediata: *se incorporó el que había muerto, y comenzó a hablar*.

¡Es tiempo de empezar!
Haga en cartulina unas tarjetitas y escriba en la parte de afuera: "¡Me alegro que hayas venido!" y márquelas con el nombre de cada alumno (tenga algunas sin nombre para dárselas a las visitas). Cuando los estudiantes vayan entrando, entrégueles la tarjeta. Inicie con una oración, pidiendo al Señor que guíe la clase. Diríjalos en un período de alabanza y adoración. Use CD y videos para acompañar la alabanza, ya que esto motivará mucho a los niños. Reciba las ofrendas, pídales que las depositen en el recipiente separado para ese fin y luego ore por ellas. Haga la lectura bíblica en forma antifonal, que inicien las niñas y luego los niños.

Aplicación
(*Prepare una cartelera con algunos de los milagros que hizo Jesús.*)
Jesús no sólo vino a la tierra para salvar a los pecadores, sino también para ayudar a las personas en todas sus necesidades, es decir, en la parte física y afectiva. Esto incluye consolar a los que sufren, sanar a los enfermos, suplir necesidades básicas del ser humano. Jesús vino a hacer un trabajo integral. Pida a los estudiantes que mencionen algunos de los milagros que hizo. Luego, muestre la cartelera y mencione los milagros que están ilustrados allí.

Historia bíblica
(Adapte la historia de acuerdo a la edad de sus alumnos. Recomendamos utilizar un lenguaje sencillo para los *Mensajeros*.)

Uno de los viajes que Jesús hizo cuando vivió en la tierra, fue a la ciudad de Naín. En esa ocasión, lo acompañaban sus discípulos y otras personas. Al entrar a la ciudad, se encontró con un cortejo fúnebre y su mirada se detuvo en alguien que llamó mucho su atención. —¿Quién era?—. Era una mujer que lloraba sin consuelo. Jesús se acercó, y le preguntó con ternura: —¿Por qué lloras?

Sorprendida de que Jesús se interesara en ella, le respondió con tristeza:

—"¡Ay, Señor!, soy una mujer viuda, mi marido murió hace mucho tiempo. Sólo me quedaba este hijo que era mi alegría y mi sustento, pero ahora él también falleció; me siento sola y desamparada".

Anteriormente, cuando una mujer mayor quedaba sola, se enfrentaba a muchas dificultades económicas porque no podía trabajar y no tenía quien la mantuviera.

Al escuchar a la mujer, Jesús sintió compasión porque Él sabía de la necesidad que tenía y que no sólo era económica sino también afectiva. Comprendiendo su tristeza, le dijo con mucho amor: —"No llores". Las palabras del Maestro llegaron al corazón de la mujer, y ella sintió paz. Estas no eran unas simples palabras; era Jesús, el único que puede quitar nuestra tristeza, el que las estaba diciendo. Pero el Señor sabía que eso no era suficiente para remediar su necesidad, de manera que decidió actuar. Se acercó al ataúd y lo tocó. Las personas que lo llevaban de inmediato sintieron el poder de Jesús y se detuvieron (explique cómo eran los ataúdes de los israelitas; ver *Datos sobre el pasaje bíblico*). Cuando la marcha que llevaba al féretro se detuvo, todos se quedaron en silencio sin entender lo que pasaba. Jesús entonces se dirigió al difunto y le dijo: —"Joven, te pido que te levantes". Los que lo escucharon quizás pensaron que Él estaba loco, "¿cómo va a decirle a un muerto que se levante?". Pero cuando vieron que el joven se incorporó y comenzó a hablar, quedaron asombrados. (*Muestre la escena de Jesús al lado del joven resucitado.*)

Posiblemente el joven pidió que le quitaran el sudario que lo envolvía. Jesús tomó al joven de la mano y se lo entregó a su madre. Ella estaba contenta y asombrada, probablemente no sabía qué decir. Muchas personas al ver este milagro extraordinario glorificaron a Dios. Lo que Jesús hizo se supo en toda Judea y sus alrededores.

Dinámica para el repaso

Diga a los niños que usted comenzará a narrar la historia y cuando diga "cambio", el que esté a su lado derecho debe continuar la historia, y cuando nuevamente diga la misma palabra el que esté al lado de este seguirá. Continué con la misma dinámica hasta que terminen la historia. Inicie las veces que sean necesarias para que todos participen. Los niños pequeños seguramente la contarán dejando por fuera detalles importantes, así que debe estar pendiente para que los ayude a recordar.

Ejercicio del libro

Pida que se agrupen, entregue los libros (o las hojas) y demás materiales que necesitarán para trabajar. Dé las instrucciones necesarias para desarrollar la actividad del libro y asegúrese que todos entiendan. Verifique que los grupos trabajen y no olvide evaluar sus respuestas.

Actividades específicas para cada edad

Conquistadores

Actividad introductoria. Lleve a la clase recortes de revistas con personas que reflejen tristeza como cortejos fúnebres, personas frente a calamidades, enfermas, etc. Ponga los recortes en el piso. Cada alumno debe tomar el recorte que más le llame la atención. Luego, algunos niños pueden explicar a los demás por qué les impactó ese dibujo. Permítales comentar cómo se sienten cuando ven a alguien llorando, que está triste o que le ha sucedido una desgracia. Guíelos a pensar que así como nosotros nos conmovemos ante las desgracias ajenas, cuánto más lo hace Dios que fue quién nos creó. Jesús siempre sintió misericordia por las personas como lo muestra la historia de hoy.

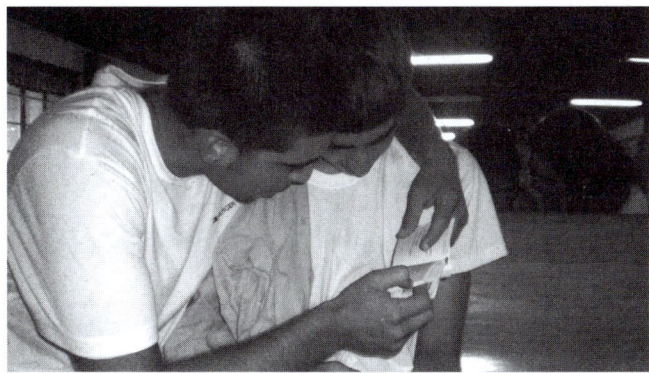

Versículo para memorizar. "Jesús, vio una multitud, y tuvo compasión de ellos" (Mateo 14:14). Divida el versículo en varias partes y escríbalas en papelitos numerándolos en orden. Pida que se agrupen y entregue una parte a cada equipo. Cuando usted señale con el dedo el número uno, los que tengan el papel con ese número se colocan de pie y dicen esa parte. Haga lo mismo con los otros números. Repita esta dinámica varias veces, y luego, haga que los grupos digan el versículo completo. (Para otras dinámicas de memorización, consulte el libro *Fácil y divertido*, *Cómo Memorizar Versículos,* de la serie *Secretos para Enseñar* de Senda de Vida.)

Trabajo opcional. Los niños harán un cuadrito para colgar. Los materiales que necesitarán son: Fotocopia de la escena, pedacitos de tela blanca, un pedazo de cartón del tamaño de una hoja, un pedacito de cinta o cordel, lápices de colores y pegamento. Entregue la copia de la figura y pida que la coloreen. Luego, que peguen las tiritas en el lugar del sudario del joven. Cada uno le colocará un título a la escena y la pegarán en el cartón. En la parte de atrás, pegue la cinta para colgar. De esta manera quedará listo un cuadrito para regalarlo a una persona enferma.

Vencedores

Actividad introductoria. Lleve a la clase una mesa de arena, para que los niños jueguen allí (también puede sacarlos al aire libre). Permítales jugar con juguetes y sus canicas. Pasado un tiempo termine el juego. Explique que ahora va a repartir dulces, galletas y refrescos, pero la condición para recibirlo es mostrar la canica (seguramente muchos la habrán perdido). Entregue la merienda a los que mostraron su canica (observe la cara de tristeza de los que la perdieron). Pida que se sienten y comente: "Muchos están tristes porque extraviaron su canica, pero a veces perdemos cosas o personas valiosas, que duelen mucho más. En la historia de hoy veremos lo que una mujer perdió y lo que hizo Jesús para ayudarla". (Ahora puede entregar el refrigerio a los niños que no habían recibido.)

Versículo para memorizar. "Jesús, vio una multitud, y tuvo compasión de ellos" (Mateo 14:14). Póngale música de otro canto al versículo y cántela con los niños. Después de hacerlo varias veces lo aprenderán. Luego haga que lo digan pero sin cantar. Asegúrese que todos lo aprendan. (Para otras dinámicas de memorización, consulte el libro *Fácil y divertido*, *Cómo Memorizar Versículos,* de la serie *Secretos para Enseñar* de Senda de Vida.)

Trabajo opcional. Dirija la siguiente actividad: un alumno envolverá con papel higiénico (de baño) a otro compañero (a manera de sudario). Tres parejas voluntarias pasan al frente. Entregue dos o tres rollos de papel higiénico a cada pareja, ellos escogerán quién será envuelto. Al terminar todos darán unos pasos. Por medio de aplausos escoja al ganador. Los alumnos se divertirán observando cómo están envueltos sus compañeros, mientras fijan en su mente la historia.

Mensajeros

Actividad introductoria. Pegue en la pizarra láminas de personas que reflejen tristeza o necesidad. Pida a sus estudiantes que las observen. Explique que entre todos, inventarán una historia para explicar por qué cada persona de las láminas está triste. Luego pregúnteles ¿qué les dirían ustedes a estas personas, para consolarlas? ¿Cómo las consolarían? Dé tiempo a que respondan y luego comente, en la clase de hoy veremos cómo Jesús consoló y ayudó a una mujer que estaba muy triste y necesitada.

Versículo para memorizar. "Jesús… tuvo compasión de ellos" (Mateo 14:14). Escriba el versículo en la pizarra. Represente cada palabra con alguna acción como hacer palmas, tocarse la cabeza, agacharse, señalar arriba, etc. Cuando diga el versículo haga las acciones, los alumnos repetirán el versículo e imitarán sus gestos. Practique esta dinámica varias veces. Luego diga el versículo, eliminando uno a uno los movimientos, hasta que puedan decirlo sin hacer nada. (Para otras dinámicas de memorización, consulte el libro *Fácil y divertido*, *Cómo Memorizar Versículos,* de la serie *Secretos para Enseñar* de Senda de Vida.)

Trabajo opcional. Los niños harán un cuadrito para colgar. Los materiales que necesitarán son: fotocopia de la escena, pedacitos de tela blanca, un pedazo de cartón del tamaño de una hoja, un pedacito de cinta o cordel, lápices de colores y pegamento. Entregue la copia de la figura y pida que la coloreen. Luego, que le peguen las tiritas en el lugar del sudario del joven. En la parte de atrás, pegue la cinta para colgar. De esta manera queda listo un cuadrito para regalarlo a una persona enferma.

Clausura

Haga un repaso general de la unidad. Premie a los que no faltaron a ninguna clase. Ore por sus alumnos y ofrézcales una merienda. Invítelos a venir a la próxima clase y a que traigan invitados.

Ayudas visuales

Practique la historia bíblica con la escena de la lección. Muéstrela en el momento que lo indica la lección. Prepare con anticipación todo lo necesario para la clase.